故事里的中国历史

Gushi li de Zhongguo Lishi

路樊 编著

战国

民主与建设出版社
·北京·

图书在版编目 (CIP) 数据

故事里的中国历史 . 2, 战国 / 路樊编著 . -- 北京：
民主与建设出版社，2022.12

ISBN 978-7-5139-4029-0

Ⅰ . ①故… Ⅱ . ①路… Ⅲ . ①中国历史—战国时代—
青少年读物 Ⅳ . ① K209

中国版本图书馆 CIP 数据核字（2022）第 212689 号

故事里的中国历史 · 战国
GUSHI LI DE ZHONGGUO LISHI ZHANGUO

编　著	路　樊	
责任编辑	郝　平	
封面设计	书心瞬意	
出版发行	民主与建设出版社有限责任公司	
电　话	（010）59417747　59419778	
社　址	北京市海淀区西三环中路 10 号望海楼 E 座 7 层	
邮　编	100142	
印　刷	唐山楠萍印务有限公司	
版　次	2022 年 12 月第 1 版	
印　次	2023 年 2 月第 1 次印刷	
开　本	880 毫米 × 1230 毫米　　1/32	
印　张	5	
字　数	75 千字	
书　号	ISBN 978-7-5139-4029-0	
定　价	358.00 元（全 10 册）	

注：如有印、装质量问题，请与出版社联系。

目录
Contents

第1章 晋国彻底分家了

第 2 章　争来斗去的魏齐

第 3 章　商鞅变法图强

第 4 章　"合纵"与"连横"的较量

第5章 远交近攻，开启六国噩梦

第6章 秦国一统江山

战 国

公元前 475 年——公元前 221 年

战国历程

韩国灭亡

公元前 230 年，秦王派内史腾率领军队灭亡了韩国。

赵国灭亡

公元前 228 年，秦王派王翦率领军队灭亡了赵国。公元前 222 年，秦军俘虏了赵代王嘉。

魏国灭亡

公元前 225 年，秦王派王贲率领军队灭了魏国。

楚国灭亡

公元前 223 年，王翦率领的 60 万大军打败了项燕，俘虏楚君负刍，楚国灭亡。

·····○ 燕国灭亡 ○·····

公元前 222 年，秦王派王贲率领军队灭亡了燕国。

·····○ 齐国灭亡 ○·····

公元前 221 年，王贲率领军队灭亡了齐国。

战国历程

第 **1** 章

晋国彻底分家了

有言在先

　　晋文公时期，曾创设了"三军六卿"的制度，而六卿的一把手则由他的好兄弟和一些贵族担任，这也给晋文公的子孙埋下了祸根。

　　随着这些家族势力的壮大，晋君被彻底架空。这些家族经常打仗火拼，最终跑的跑、亡的亡，就剩下智氏、韩氏、赵氏、魏氏四股势力。其中，以智氏家族最为强大。但谁料智氏家族最终被韩、赵、魏三家合力灭掉。

　　赵、韩、魏三家灭了智家，不但把智家的土地平分，还把晋国留下的其他土地也瓜分了。

　　公元前403年，韩、赵、魏被周威烈王正式封为诸侯。"三家分晋"被当作是战国的开端。

想当继承人，得会脑筋急转弯

故事主角：赵鞅

故事配角：赵无恤、相士姑布子卿、伯鲁等

发生时间：不详

故事起因：赵鞅想择立真正有才能的接班人，苦于没有合适人选

故事结局：相士姑布子卿认定赵无恤是大才，赵无恤最终被立为太子

赵鞅（yāng）是春秋时期晋国赵氏的当家人，也是叱咤（chì zhà）风云长达半个多世纪的一代雄主。他的一生经历无数大风大浪，屡经沉浮荣辱。但有一件事一直困扰着他，那就是赵氏家族接班人的问题。

赵鞅此时年纪渐长，已经是半只脚踏进棺材的人了，然而他曾经封立的继承人——嫡长子伯鲁，却是个不成器的家伙。

有一天，赵鞅遇到了大名鼎鼎的相士姑布子卿。赵鞅满怀希望地将儿子们全部召来，将他们引荐给姑布子卿。谁知姑布子卿扫视一圈，说道："这些都不是足以继承您事业的材料。"赵鞅的脑袋瞬间垂了下来，喃喃自语道："赵家后继无人，难道要

无恤可当大用。

断送在我手里吗？"

这时姑布子卿的声音又在他耳畔响起："您的儿子到齐了吗？刚才我在路上看见一个少年，周围簇拥着很多仆人，他也是您的儿子吧？"赵鞅心里又燃起一丝希望，于是命手下人将那个儿子找来。这个人就是赵无恤（xù）。

赵无恤一到，姑布子卿拱手相迎，叹道："这才是真将军！"但赵无恤毕竟是庶子，且有外族血脉，此前姑布子卿为赵鞅其他儿子相面时，赵鞅并没有召无恤前来，就知他在赵家没有什么地位，甚至赵鞅可能从未将他当作自己的儿子。不过，从现在起，无恤在赵鞅心中的地位已经发生了翻天覆地的变化。

但光凭姑布子卿的一句话，还不足以让赵鞅贸然进行太子的废立大事。他需要用自己的方法来考察一下赵无恤，看他是否是自己理想的接班人。

赵无恤因母亲是**婢女**（古时家中供

使唤的女孩子），自出生以来，他在这个家中就像尘埃一样，没有人多看他一眼。他需要一个机会来证明自己的存在，让别人另眼相看。

有一次，赵鞅告诉儿子们，说自己将一道宝符藏在常山之中，谁能第一个把宝符找到，就重重有赏。那时赵鞅已是满头白发，而儿子们也都老大不小了，所以这不是一次游戏，而是另一场挑选继承人的考验。大家都心急火燎地跑进常山四处搜寻，既兴奋又紧张。只有无恤仍是那副胸有成竹、闲庭信步（形容很清闲的样子，有时也形容信心十足）的样子。

日暮时分，公子们一个个垂头丧气地回来了，他们什么也没找到。这时赵无恤站了出来，朗声道："我已找到宝符！"赵鞅看向他，满眼惊喜："说说看！"无恤嘴角露出一丝笑意："常山之下就是代国，我们从山上隐蔽的小路出发，居高临下，可一举将代国拿下！"

赵鞅这才知道姑布子卿慧眼独具，无恤果然不是池中之物。赵家上下无人不对无恤表示佩服。于是赵鞅废掉了伯鲁的太子位，改立无恤。

智瑶：你们的就是我的

故事主角：智瑶

故事配角：赵无恤、韩康子、段规、魏桓子、任章等

发生时间：公元前 455 年

故事起因：智瑶向韩、魏、赵三家索要土地，无恤断然拒绝

故事结局：智、韩、魏三国军队进攻赵国，赵无恤退守晋阳

　　智瑶是晋国实力最强的智氏家族的当家人，也是一个信奉霸权至上的人。在他的眼里，强者的信条永远只有六个字，"简单、直接、有效"！

　　当垂涎韩、赵、魏三家的土地时，他没有采用拐弯抹角的方法，而是直截了当地伸手来要，笑嘻嘻地跟人家说："拿来！"

　　公元前 455 年，第一个遭到智瑶勒索的是韩氏，当时韩氏的家主是韩康子。不过相对于以硬碰硬的赵无恤，韩康子是个懂得"以柔制刚"之人。

来自智瑶的最后通牒（dié）就摆在桌子上，韩康子对此一筹莫展。把地交出去吧，自己舍不得，也不甘心。而且谁能保证这是智瑶的最后一次索要呢？可是断然拒绝，说不定这只老虎马上就会把自己吞掉。

韩康子手下有个叫段规的谋士，段规对韩康子说："以实力论，我们不是智氏的对手，若不答应他的无理要求，恐怕他会立即攻打我们，所以不如先答应智瑶的要求。照我看，智瑶肯定会接着向魏、赵两家索要土地，我们不妨静观其变。"

韩康子听段规这样说，顿时解开了心结，于是"痛快"地将土地割给了智瑶。有了这次甜头，智瑶的大手又伸向了魏氏家主魏桓子。魏桓子和家臣任章又重复了韩康子和段规的"推演"，也乖乖地献出了土地。

而当智瑶的手摊在赵无恤的面前时，赵无恤给韩康子和魏桓子上了一课——这个世界上，不只有妥协和屈服，还有奋发和抗争！

"想要我的地盘，真是无耻！凭什么？我偏偏不给你！"赵无恤心中火冒三丈，脸上仍是那副波澜不惊的表情。

被赵无恤拒绝后，智瑶感觉相当没面子，他认为只有立刻发兵将赵氏打服才行，否则他前面向韩、魏两家索要的土地一下子就变得名不正言不顺。如果只是口头吓唬吓唬，人家为什么要拿出土地呢？韩康子、魏桓子并不是傻瓜，他们也会问一句："凭什么？"

说打就打，心里憋着火气的智瑶立刻发兵。赵无恤对这一切早有预料，也摆开了死战到底的架势。不过让他没有想到的是，在他与智瑶的斗争中，韩康子、魏桓子竟然站到了智瑶的一边！其实，韩康子、魏桓子虽然愚蠢，但他们也有自己的逻辑。在智、赵两家的掰腕中，他们显然更加看好实力占绝对优势的智氏，所以才与智瑶达成协议，组成三家联军，希望在灭掉赵氏后三分其地，壮大自己。

于是，智瑶亲任元帅，挟韩、魏两家出兵攻赵。赵国最终因寡不敌众，只能退守晋阳，等待机会再战。

智瑶被"群殴"

故事主角：智瑶

故事配角：赵无恤、韩康子、魏桓子、絺疵、张孟谈等

发生时间：公元前 455 年—公元前 453 年

故事起因：智瑶问韩康子、魏桓子是否要造反，韩、魏两家不安

故事结局：赵、韩、魏三国合力灭智氏，并分割其地

公元前 455 年，智瑶带上韩家和魏家的军队将晋阳城团团围住。他们使出了"洪荒之力"去攻城，但硬是两年多的时间都没成功。赵无恤带领军队拼死抵抗，始终不投降。

这时的智瑶使出了一个损招——引汾水灌城。汾水灌进城里后，将城里的一切都搅得变了样。此时的晋阳城锅碗瓢盆都漂起来了，百姓们只能爬到屋顶上去烧火做饭。城内百姓的眼里尽是疑惧和担忧，赵家的家臣们都对赵无恤侧目以对！

这天，智瑶将韩康子和魏桓子叫到身边，又带着二人一起来到汾河边，看着波涛滚滚的河水，智瑶心中大快。

这时智瑶发出一句感慨："我今天才知道河水可以消灭一个国家！"智瑶抚着自己的胡子，一副得意的样子。

说者无意，听者有心。听到这句话，韩康子和魏桓子心里一阵抽搐，因为他们的都城同样面临着被人灌水的危险。

此时，跟在三人身后的智氏家臣絺疵（chī cī）却看出些门道，于是在返回自家营帐时对智瑶说："韩、魏两家必反！"

智瑶惊奇道："你是怎么知道的？"

大王所言极是。

13

"我们马上要三分赵家土地，可是韩康子、魏桓子二人面上毫无喜色，反而满是忧愁。这不是谋反的征兆吗？"

让人想不到的是，头脑不清醒的智瑶竟然在第二天召见韩康子和魏桓子的时候，将絺疵的话原原本本地转述给两人，还问道："你们当真要反吗？"

听了智瑶的质问，韩康子、魏桓子二人如遭雷击，一齐摇头大呼："哪有此事？"智瑶满意地笑了，并相信了两人的话，于是将他们送走了。

絺疵听说此事，彻底愣了，不过他很快就明白了自己的处境。这场战争的最后胜利者一定不会是智瑶，自己如果继续在他手下做事，肯定会跟着他做一个亡族灭家的奴隶。于是他找机会逃走了。

回到营帐的韩康子和魏桓子两人很纠结，一时仍拿不定主意。碰巧这时赵无恤的谋臣张孟谈来到这里，单刀直入地将话挑明："我这次冒死前来，是希望能够劝说两位将军离开智瑶，与我家将军合兵，一起将他打败，然后三分其地，共同主宰晋国！"韩、魏两人互相看看，都不说话。

"二位将军难道还不明白？以智瑶的贪婪，晋阳城被攻破之日就是你韩魏两家走向灭亡的时候。"这句话正好道出了韩康子、魏桓子连日来的忧虑，权衡之下，二人决定改弦更张，加入赵氏阵营。

　　没过多久，与赵无恤约定好了的韩康子，派人杀了智氏守在水坝上的军士，又将水坝掘开，于是汹涌的汾水就转而灌进了智氏的大营，将智家军冲了个七零八落，还在梦中的智瑶就这样一命归西了。

　　赵、韩、魏三家分了智氏的土地，也把晋国的土地瓜分殆尽。三家分晋，也预示着战国时代的到来！

魏文侯是个"好领导"

故事主角：魏文侯

故事配角：任座、翟璜、段干木等

发生时间：公元前 406 年

故事起因：魏文侯礼贤下士、知人善用，重视网罗贤才

故事结局：一些博学多才的人先后投奔魏文侯，魏国越来越强大

战国初期，魏国的势力最强，这与魏文侯的贤明是密不可分的。公元前 406 年，在攻破中山国之后，魏国君臣就摆酒宴来庆祝这次胜利。志得意满的魏文侯看了看大臣们，问道："像我这样的君主，你们有什么评价？"

"仁君！"魏氏家臣们异口同声地说道，还一起举杯向魏文侯敬酒。魏文侯听了哈哈大笑，正要一饮而尽的时候，却听见一个反对的声音说："君上打了胜仗，却没有将中山分给有功劳的弟弟，反而把它封给了寸功未立的儿子，这哪称得上是仁君？"说这话的是魏氏家

臣任座。听到这样的话，魏文侯十分气愤。任座也发现了这一点，感觉不妙，于是小跑着出了帐。

魏文侯转过头去问翟璜（zhái huáng）："依你看，我是否称得上是仁君？"

翟璜是魏文侯的谋士，他这时已看出魏文侯正在气头上，而任座实在是很危险，自己一个答得不好，就要害人害己，于是不卑不亢道："当然是仁君！"

"哦？"魏文侯被他的话引起了兴致，"这话怎么讲？"翟璜拱手说："我听说君主仁慈，臣子才会正直。刚才任座句句直言相谏，我就是以此知道您是仁君的。"魏文侯听后转怒为喜，于是让翟璜出帐将任座请回来，又亲自离席相迎，把他奉为上宾。

魏文侯不仅礼贤下士，知人善任，天生是一个领导者，而且还器重品德高尚、才华出众的人，他搜罗天下人才，虚心听取他们的意见。

当时，魏国有一个叫段干木的人，他是一个文武全才，在当时的名望很高。但他却隐居在僻（pì）静的小巷里，不愿踏入官场。魏文侯想去拜访他，向他请教治理国家的方法。

有一天，魏文侯坐着车子亲自到段干木家去拜访。段干木听到屋外有马车的声音，急忙翻墙头跑了。魏文侯没有见到段干木，吃了闭门羹（gēng），只得失望地回去了。后来，他又接连去拜望了几次，段干木都没有露面。可是，魏文侯并没有怨恨段干木，反而更加仰慕他，每次乘车路过他家门口时，都会站起来，扶着马车上的栏杆，向着段干木家望去，表示敬意。

车夫问："您在看什么呢？"魏文侯说："我看段干木先生在不在家。"车夫不以为然地说："段干木也真是太自大了，都不把您放在眼里，您去拜访他这么多次，他都没有见您，您还想着他做什么。"魏文侯摇了摇头说："段干木先生是个了不起的人才啊，不**趋炎附势**（奉承和依附有权有势的人），不贪图富贵，品德高尚，学问又深。像他这样的人，怎么能让我不尊敬

呢？"

　　后来，魏文侯放下国君的架子，不乘车马，不带随从侍卫，步行到段干木家里，总算是见到了段干木。魏文侯恭恭敬敬地向段干木求教，段干木看他诚意如此之深，就给他提了很多宝贵的建议。魏文侯想请段干木做相国，段干木坚决推辞。魏文侯就拜他为师，一有时间就去拜望他，询问重大问题的解决办法。

　　魏文侯礼贤下士、器重人才的做法很快就传开了，很多博学多才的人都前去投奔他。魏国在魏文侯的治理下也越来越强大。

段干木先生是你我的榜样啊。

他是一个没礼貌的人。

醒木一响，评书开场！
品茶听书，为你讲述有滋有味的战国传奇；
真真假假，权且当茶余饭后的谈资……
今天，我要给大家讲的是——庄子拒相！

庄子拒相

庄子是战国时期的思想家、哲学家、文学家，也是道家学派的代表人物。他学识渊博，淡泊名利，追求逍（xiāo）遥的生活境界。他一直隐居在山野之中，过着穷困潦倒的生活。庄子宁愿靠钓鱼、打草去卖来维持生活，也不愿入仕为官。

有一天，楚王听说了庄子的名声，就想邀请庄子出山。楚王特意派两名大夫带着许多贵重珍宝去聘请庄子，希望他能帮助自己治理国家。

两名大夫来到濮（pú）水边，找到正在垂钓的庄子，弯腰施礼说："楚王有国家大事向先生请教，希望先生能出山，辅助大王，为大王解忧。"

庄子拿着鱼竿，头也不回地说："我听说楚国有只神龟，死了已经有三千年了，被大王用锦缎包着，放在竹匣（xiá）中，供奉在宗庙的堂上。有这回事吗？"

楚国的两名大夫回答说："是有这回事。"

庄子接着说："你们说，这只神龟是宁愿死去留下一副骨头让人们供奉，以显示自己的尊贵呢，还是宁愿活着拖着尾巴在烂泥里爬行呢？"

两名大夫回答说："自然是愿意活着在泥里爬行啦。"

庄子说："你们请回吧！因为我也是愿意活着在烂泥里爬行的人。只有这样，我才能活得自由自在，我可不愿意让楚王供奉珍藏。"

两名大夫见庄子用自己的话来反驳自己，想不出其他的话来劝他出山，只好回楚国去了。

知识补给站

"战国七雄"都是哪七国？

"战国七雄"，是战国时期七个强大的诸侯国的统称。经过春秋时期的争霸战争，周王朝境内的诸侯国数量大大减少。诸侯国互相攻伐，战争不断。三家分晋后，赵国、魏国、韩国跻身强国之列，田氏代齐后，"战国七雄"的格局正式形成，这七国分别是秦国、楚国、齐国、燕国、赵国、魏国、韩国。

晋国最强大的智氏家族，为何在智瑶当家时被灭掉？

在晋国多年的内斗后，出现了四家士大夫家族：智家、赵家、韩家和魏家，而智家的势力最大。按理说，智家依靠自身优势，一点点吃掉其他三家而独霸晋国只是一个时间问题，但智家最终被其他三家灭掉。其主要原因在于智瑶狂妄自大，他的恃才傲物、目中无人断送了智氏家族。

 你知道"士为知己者死"的典故是怎么来的吗？

　　豫让是春秋时晋国智氏的家臣。公元前 453 年，晋国赵氏联合韩氏、魏氏在晋阳打败智氏，智氏宗主智瑶被杀，头颅被赵无恤做成酒器使用。豫让为报答智瑶的知遇之恩，多次行刺赵无恤都没有成功。豫让最后自杀而死，留下了"士为知己者死"的千古绝唱。

第2章
争来斗去的魏齐

有言在先

魏文侯在位期间，魏国日渐强盛，由吴起训练的魏武卒更是在战斗中树立了赫赫威名，让很多国家感到害怕和忌惮。

到了魏惠王时代，强大的魏国碰到了硬茬子，魏国和东方大国齐国展开了多次殊死较量。庞涓和师弟孙膑分别为魏国和齐国的军师代表。公元前 354 年，在孙膑的计谋下，齐军在桂陵给了魏军当头一棒，将魏武卒彻底打懵，让庞涓蒙受惨败的羞辱。公元前 341 年，一心想复仇的庞涓又再次被孙膑在马陵暴打，魏武卒损失惨重，庞涓愤恨自杀，一命呜呼。

自此之后，魏国实力受到削弱，逐步丢掉了战国"老大"的头衔，从头号强国沦为二流国家。

故事万花筒

魏武卒是怎样练成的

故事主角： 吴起

故事配角： 魏文侯

发生时间： 公元前 405 年—公元前 389 年

故事起因： 魏文侯大力推行改革，吴起开始训练魏武卒

故事结局： 魏武卒所向披靡，以 5 万兵士打败 50 万秦军

　　吴起是战国初期的军事家、政治家。在魏文侯时期，吴起担任了河西守将，并训练出了令天下谈之色变的魏武卒。魏武卒，是吴起训练的精锐步兵。吴起率领魏武卒南征北战，创下了"大战七十二，全胜六十四，其余均解（不分胜负）"的奇功伟绩。

　　为打造一支召之即来、来即能战的王牌军。吴起选兵标准很高，士兵的体力必须过硬，必须在半日内跑完

一百里，即士兵必须在身着铠甲、背负箭弩（nǔ）、手上持戈、腰上挎剑和携带三日口粮的情况下，半天能走一百里。在如此苛刻的条件下，吴起还是挑选出了一些人。

吴起还当众宣布："从今日起，你们家里的徭役和田宅租税全免了！"欢声雷动。但他们也做好了吃苦的准备，因为吴起对他们的要求只会更严格，他们执行的任务也只会更危险。千锤百炼，这支队伍终于可以上战场初试啼声了——这就是战国初期名震列国的魏武卒。

吴起带兵，从不搞特殊化。他放着可口的美味不吃，空着华丽的帐篷不睡。行军时，他也身背粮食。兵士们都觉得这位将军与别的将军不同——他是"自己人"。

有一次，一个士兵身上长了疮，吴起张开嘴，亲自为这位兵士吸脓，并清理溃烂的伤口。这个兵士当时感动得热泪直流，而周围看着的兵士也都愿意为吴起以死效力。正因如此，吴起的军队才有了强大的战斗力。

公元前389年，曾在河西吃过败仗的秦军集结了50万大军，气势汹汹地奔魏国而来。但自以为必胜的秦人，再次被吴起打得落花流水。

原来，吴起从未放松魏武卒的训练，为了保持其高昂的斗志，还设计出一整套激励机制。每次战胜后，他都请魏文侯在军中举办庆功宴会。这不是简单的庆功宴会，而是根据功劳大小将兵士分成三六九等。首先，在战场上立了"上功"的兵士到第一排就座，他们的桌面上猪、牛、羊三牲俱全，且使用最贵重的金、银、铜等餐具；而立了"中功"的兵士则给安排到第二排，只能吃到猪肉，只能用铜餐具；最可怜的是那些寸功未立的兵士，他们只能坐在最后一排看着，这种感觉就好像自己是被人抛弃的孤儿。这还不算，宴会结束后，还在大门外对兵士的家属论功行赏，以嘉奖他们对家人投身行伍的支持，让他们觉得自己的付出都是值得的。

吴起的这种激励办法，使士兵们像打了鸡血一样，士兵们都希望自己能在下次的庆功大会上坐到第一排，站在舞台的正中央！

这次秦国50万大军来犯，吴起只是在从未在战场上立功的士兵里挑出5万人，用他们来对付城外的秦人。这些渴求立功的士兵一上战场，就像饿久了的猛虎突然看到肥肥的羊群，个个以一当十，拼力厮杀，最终将秦军击溃。此后，吴起在魏国的战神地位无人可以撼动。

大师兄，不是个好人

故事主角：孙膑

故事配角：庞涓、魏王等

发生时间：不详

故事起因：庞涓在魏国得到重用，邀请师弟孙膑出山

故事结局：因孙膑才能超出自己，庞涓为了私利而残害孙膑

庞涓是魏国人，孙膑（bìn）是齐国人，传说两人曾一同拜在鬼谷子门下。孙膑、庞涓两人一道学兵法，每日吃饭读书都在一起，俩人感情特别好。

有一天，庞涓听说魏王正在四处"招聘"贤才，所以就决定去魏国碰碰运气。分别时，庞涓对孙膑说："如果我在魏国发达了，一定邀请师弟下山，一起施展抱负。"孙膑感动得流下了眼泪。

几年过去了，庞涓凭借所学在魏国立稳脚跟，当上了上将军，统领当时战斗力最为强悍的魏武卒。庞涓从

来都以吴起作为自己的榜样，希望能够建立吴起那样的军功。他也确有为将之才，在他的带领下，魏武卒打得周围的小国全无还手之力。没多久，宋、卫、鲁、郑相继来魏国朝贡。

胜利的喜悦很容易让人头脑发热。打了几场胜仗的庞涓在魏国人气飙升，上至国君，下至百姓，没有一个不把他视为魏国未来的希望。庞涓也对自己很满意。这时他又想起了还在深山学艺的师弟孙膑，于是向魏王举荐，又差人告诉孙膑，让他来魏国投奔自己。

经过几番思考，孙膑决定正式投奔大师兄。怀着对新生活的热望，孙膑来到了师兄庞涓所在的魏国。一见面，两人都显得非常激动，谈及了过去几年各自的生活，彼此也在暗中试探对方的学问。

没有比对，就没有伤害。此时，庞涓惊奇地发现，这位师弟的学问竟远远超过自己。庞涓越想越害怕，如果孙膑凭其才学获得魏王的宠信，取代自己在魏国的地位，那么他多年以来的奋斗就白费了。

夜凉如水，庞涓在床上辗转反侧，始终未能成眠。月亮升入中天，可是干净的月光却无法照亮庞涓饱受折磨的内心。不久，庞涓就一脸幸福地合上了眼睛，渐渐地还发出了有节奏的鼾（hān）声，因为他想到了一条毒计。

不久，还沉浸在幻想中的孙膑，莫名其妙地被一伙人抓进了大牢。在被带走的时候，他完全不知道到底发生了什么事，隐隐约约、断断续续地听到什么"通敌卖国"。"我没有啊，我刚刚下山，到哪里去卖国？到哪里去通敌？庞师兄呢？他为什么不出现，为什么不来见我？"所有的疑问都没有答案。回答孙膑的只有绳索、皮鞭、针、烙铁，还有一把锋利的小刀。孙膑的脸上被刺上了屈辱的字迹，双腿也被剜（wān）去了膝盖骨……

原来庞涓在魏惠王面前巧言诬陷，使孙膑遭此伤身之祸。孙膑得知是庞涓加害后，他决定要活下去，要报仇。孙膑于是在牢里装疯卖傻，在猪圈里翻滚跌爬，甚至在庞涓面前吃猪粪，让他觉得自己是彻底疯了。

庞涓以为孙膑真的疯了，所以渐渐地把孙膑当作是一个死人，不再管他了。不久，孙膑抓住机会，随着来魏国出使的齐国使节一同逃往齐国。

是金子总会发光的

故事主角：孙膑

故事配角：齐威王、田忌等

发生时间：时间不详

故事起因：在赛马场上，孙膑帮助田忌战胜齐威王，取得
难得的胜利

故事结局：齐威王对孙膑的才能非常赏识，并开始重用他

死里逃生的孙膑来到齐国后，见到了大将军田忌。
几番交谈后，田忌觉得孙膑很有才能，是个打着灯笼也
难找的奇才，于是拜他为上宾，好吃好喝好招待。

自从来到齐国，孙膑有了再次活过来的感觉。脱离
了那个死神大师兄的魔掌，他更加觉得活着是一件幸福
的事情。孙膑暗暗发誓，一定要活出个人样来。此时，
他最想见到的人，就是齐国的国君——锐意图强的齐威
王。

齐威王是个爱好广泛的人，尤其是对赛马情有独钟，时不时会举办一场赛马运动会。大将军田忌也是一个赛马迷，而与他"马战"的往往就是齐威王。但是每次赛马，田忌大都输得很惨。原来，齐威王的马厩（jiù；养马的地方，也就是马棚）里养的宝马，都是从整个齐国千挑万选出来的。贵族公子、王公大臣，只能捡齐威王的"漏儿"，所以马的素质自然好不到哪里去。

　　每次赛马，田忌都押上大笔的黄金，假如对方是齐威王，那么这些黄金恐怕就要孝敬他了。不过，虽然明知要输，田忌却乐此不疲。

　　一天，田忌和齐威王又进行了一次比赛。他们把各自的马分成上、中、下三等。比赛的时候，上马对上马，下马对下马，中马对中马。由于田忌每个等级的马都比齐威王的弱，所以三场比赛，田忌都毫无脾气地败下阵来。

　　田忌十分扫兴，垂头丧气地要离开赛马场。这时，孙膑拦住了他，说："我刚才看了赛马，大王的马比你的马快不了太多。你再同大王比赛一次，我准能让你赢了他。"

　　田忌疑惑地看着孙膑："你是说另换一匹马来？"

孙膑摇摇头说："一匹马也不需要换。"

田忌毫无信心地说："那还不是照样输！"

孙膑胸有成竹地说："你就按照我的安排办吧。"

齐威王屡（lǚ）战屡胜，听说田忌不服气，要再比一次，他轻蔑（miè）地说："那就开始吧！"

孙膑先以下等马对齐威王的上等马，第一局输了。齐威王更加得意了。第二场比赛，孙膑拿上等马对齐威王的中等马，胜了一局。齐威王有点发懵，开始心慌意乱了。第三局比赛，孙膑拿中等马对齐威王的下等马，又胜了一局。这下，齐威王目瞪口呆了。比赛是三局两胜，结果田忌赢了齐威王。

比赛结束了，一切尘埃落定。看台上原本以为会胜的齐威王没想到自己竟然输了，于是召田忌过来问个清楚，这一问，就把孙膑问了出来。和田忌一样，齐威王很快就被孙膑的才学所倾倒，将之奉为老师。

虽说输了比赛，但却得了一个军事奇才，齐威王这次也算是捡了个大便宜。而孙膑也借助赛马这个机会，顺利进入齐威王的视线，从此成为齐国举足轻重的政治人物。

围魏救赵

故事主角：孙膑

故事配角：庞涓、齐威王、田忌等

发生时间：公元前 354 年

故事起因：庞涓率领魏武卒攻打赵国，赵国向齐国求救

故事结局：田忌和孙膑带领齐军在桂陵设伏，大败庞涓率领的魏武卒

公元前 354 年，庞涓率领魏武卒攻打赵国。赵国形势危急，于是向齐国求救。此前，虽未经过会盟，但魏国已隐隐有了霸主的地位，若任由庞涓这么打下去，万一将赵国吞灭，齐国也必然遭殃，齐国岂能见死不救？

出于长远的考虑，齐国决定出兵救赵，问题在于该选谁作为此次出征的主将。齐威王想到了孙膑，相信有他出战，定然能够战胜魏军。

但孙膑推掉了主将一职，他说："我是受过刑

的废人，怎么能做主帅呢？"言辞淡漠而听来叫人心痛。齐威王无奈，只好命田忌挂帅出征，而孙膑做了田忌的军师。由于被剜去膝盖骨，孙膑没法像其他将领那样站在战车之上，更不能骑马，只好安坐于兵车之上。

主帅田忌想要驱兵入赵，与庞涓率领的魏武卒主力一决雌雄。但是他的想法被孙膑否定了。"如今庞涓率魏军的精锐苦战在外，留在魏国的大梁城的士兵必然都是些老弱病残。我们不如趁此迅速挺进大梁，同时派人北上，将大梁被围的消息放给庞涓，那么他必然会放弃攻打赵国而回兵自救，如此不就解了赵国之围吗？"

孙膑的做法不仅聪明，还是唯一能够取胜的做法。若按着田忌所想，驱兵入赵，那么齐军长途奔袭，到达邯郸城外时必定已是疲惫不堪，而赵军由于困城日久，战斗力也是大为减弱。这时候，齐、赵虽能够夹击魏军于城下，但他们要面对的可是几十年未曾败过的魏武卒，那时鹿死谁手也就难以知晓了。

进军大梁则不然，情况就会变成齐军以逸待劳，而魏军则是劳师远征。魏军定然会吃败仗。

果然，这一切全让孙膑给算中了。风风火火赶回来的魏军，在通往大梁城的必经之路桂陵遭遇了齐军的伏击，几乎全军覆没，庞涓也狼狈地逃回了大梁城。

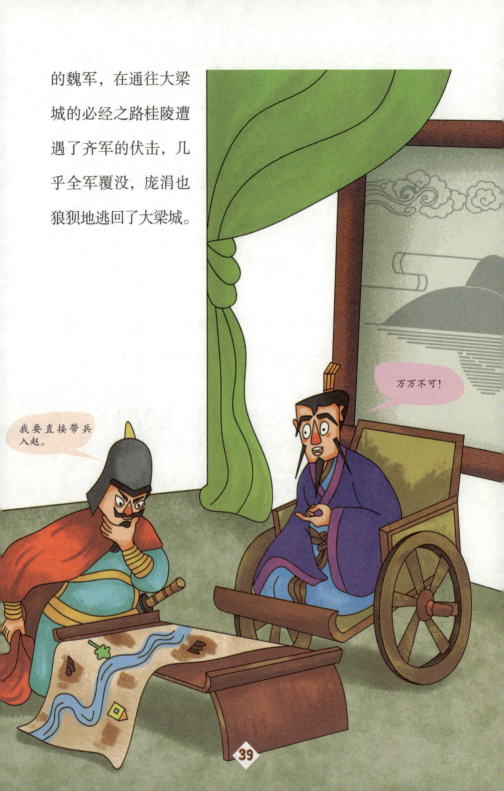

39

出来混，早晚要还的

故事主角：庞涓

故事配角：孙膑、田忌等

发生时间：公元前 341 年

故事起因：田忌和孙膑带齐军营救韩国，庞涓决定借机报仇

故事结局：魏武卒几乎全军覆没，庞涓自杀身亡

桂陵之战后，魏国上将军庞涓一直高兴不起来，他不甘心做孙膑的手下败将。他在等待再次与孙膑在战场过招的机会。然而，庞涓这一等就是 13 年。

公元前 341 年，曾为死对头的赵、魏两家握手言和了，而且还汇兵一处进攻韩国。赵、魏联军兵强马壮，为了逼韩军出城，他们齐声在韩国都城新郑外面叫骂。韩国实在忍不住了，开始向齐国求救。

此时的齐国"不见兔子不撒鹰"。韩使在新郑和临淄两城往返数次之后，齐国才答应出兵，因为韩国国君

已经承诺：击退赵、魏联军后，韩国会做齐国的附属国。

齐国主将还是田忌，而孙膑仍任军师。这一次，孙膑已经下定决心，要彻底解决他和庞涓之间的恩怨。

孙膑的办法和十几年前一样，还是趁魏国精锐纠缠于韩国之际驱兵"直走大梁"。不过庞涓这次学精明了，齐军刚刚越过魏国边境，就带领魏武卒火急火燎地往回赶。

包括田忌在内，所有人心里都有一个疑问——庞涓这次还会上当吗？孙膑却充满信心。

一路追来，庞涓发现了一个奇怪的现象，那就是齐军留下的土灶越来越少：第一天还有十万个，到了第二天就只剩下五万个了，而第三天，就只有可怜的两万个了。

"齐军终于开始溃逃了吗？吃不得苦的齐国人啊。孙膑，你这次就要毁在我手里了！"于是庞涓舍弃重甲步兵，只带着数量有限的轻装精锐继续穷追。

到了黄昏时候，当他们走到马陵道，庞涓突然意识到事情不妙。马陵道是一个狭窄的山谷，两旁是危岩险隘。"难道齐军会在此处埋伏？"庞涓正犹豫间，有士兵报告说在前面路上发现一段巨木，好像还给剥了树皮，非常奇怪。

庞涓举起火把，一步步走到那段巨木前，隐隐约约感觉剥下树皮的地方好像刻有字迹，移近火把一照——"庞涓死于此树……"他还未读完，耳朵里一下灌满了箭矢破弦之声，那些跟着他南征北战的兵士一个个倒下去了。眼见败局已定的庞涓，最后自杀而亡。

庞涓已死，随他而来的魏武卒精锐也所剩无几，魏国这个战国初期唯一的超级大国就此衰颓下去，而战胜魏国的齐国也并未能长久地保持住霸主的地位，魏、齐的光芒逐渐黯淡下去。

遇到我算你倒霉

故事主角： 西门豹

故事配角： 巫婆、巫婆随从、邺县百姓等

发生时间： 不详

故事起因： 巫婆说邺县百姓得罪了漳河河伯，需要每年为河伯娶妻

故事结局： 西门豹揭穿巫婆的骗局，并将巫婆及其随从投进漳河

魏文侯时，西门豹奉命治理邺（yè）县。当他到达邺县的时候，发现这里人烟稀少，贫穷落后，百姓的生活十分困苦。为了解开心中的疑惑，西门豹找来了当地的几位老人了解情况。

原来，邺县附近有一条河叫漳（zhāng）河，近年来河水经常泛滥，使百姓饱受洪灾之苦。百姓们也用各种方法来治理河水，但效果不好。后来，一个巫婆说漳河水之所以泛滥，是因为百姓得罪了河伯，只有每年送给

43

河伯一个年轻美丽的女子为妻，才能让河伯消气，保此地平安。从那以后，邺县每年都为河伯选一名年轻美丽的姑娘为妻，然后投入漳河水中，说是到河里与河伯成亲。西门豹听了老人们的诉说，感到十分荒唐，当即决定要

破除妖言，为百姓除害。

到了河伯娶妻那天，西门豹和众人一同来到了河边。不一会儿，几个人抬着轿子走来。走在最前面的是一个老太婆，嘴里念念有词地说着什么。待轿子停在岸边，巫婆就开始做法。

就在随从们欲将女子投入河中的紧急关头，西门豹制止了他们。巫婆在得知对方是县令后，只好请求不要误了吉时，以免惹怒河伯。西门豹笑着说："不急，不急，先让本县看看这个女子的容貌怎样，我们可不能**怠慢**（招待不周到）了河伯。"西门豹揭开女子的盖头，故作生气地说："这样丑陋的女子也能去侍候河伯吗？不行，过两天再选更好的送去吧！"

巫婆忙说："如果错过了今天的吉时，我怕河伯会不高兴呀！"

西门豹说："那就烦请您去跟河伯说

一说吧！"说着，便让人将巫婆投入了河中。

看着巫婆被投入河中，大家都觉得很解气。过了一会儿，西门豹回过头来对巫婆的随从说："她已经去了这么久，为什么还不回来呢？你去催一催吧！"说着，又命人将一名随从投进了河中。

此时，其余的随从已经被吓傻了。过了一会儿，西门豹对他们说道："他也去了很久了，怎么还不回来呢？你们也去催一催吧！"又叫人将其他随从也全都扔进了河里。

西门豹对在场的百姓说："河伯娶妻，是根本不存在的事情。这些年让大家受苦了，以后我会带领大家治水，让大家重新过上好日子！"此时的人群中响起了一片欢呼声。

从这之后，西门豹带领人们兴修水利，挖渠引水，终于摆脱了洪水的侵袭，让百姓们过上了安定的日子。

醒木一响，评书开场！
品茶听书，为你讲述有滋有味的战国传奇；
真真假假，权且当茶余饭后的谈资……
今天，我要给大家讲的是——歧路亡羊！

歧路亡羊

　　战国时期，有个著名的思想家，名叫杨朱。他学识渊博，思想深刻，天下皆知。许多年轻人都拜他做老师。

　　有一天，他的邻居跑失了一只羊，那家人全都出去寻找，找了半天也没有找到。那家主人觉得寻找的人还是太少，来跟杨朱商量，请他的童仆也帮帮忙，跟大家一块找。杨朱问道："只是跑了一只羊，需要这么多人去寻找吗？"邻居叹了一口气说："唉，你不知道，岔（chà）路实在太多了。"

他的童仆也跟着去了，到了天黑才回来。杨朱问邻居："羊找到了吗？"邻居失落地说："羊还是没有寻到。"杨朱不解地问："这么多人去找一只羊，竟然还找不到？"邻居说："岔路里有岔路，找过去还有岔路，我们不知道这头该死的羊是从哪条岔路跑掉的，怎么也找不到，只好回来了。"

杨朱听了，半晌（shǎng）没说一句话。他整天在思考这个问题，脸上也满是惆（chóu）怅（chàng）。

杨朱的学生觉得很奇怪，问杨朱道："一只羊不值什么钱，再说也不是您自己的，您整天闷闷不乐，这到底是为什么？"杨朱看了看学生，依旧默不作声。

其中一个学者知道杨朱的心思，对杨朱的学生说："因为岔路太多，所以羊跑失才没有找回来。求学之路也是一样的，由于学习的方法很多，我们也会在学习中误入歧（qí）途。再往大了说，人生也是这样的，我们可选择的道路太多，一旦误入歧路，则会误了一生啊！所以你们要多听老师、父母的教导。他们经历的事情比你们多，在你们不知如何选择时，可以给你们很好的建议。"

❋知识补给站❋

 魏武卒战绩不凡，为何最终消亡了？

魏武卒是吴起亲手训练出来的精锐步兵。魏武侯即位后，吴起受到排挤，从而离开魏国去了楚国。新的将军庞涓缺乏吴起的能力，在带领魏武卒的过程中经历了几次失败，魏武卒元气大伤。这之后，秦将白起大败魏韩联军，魏武卒损失殆尽，并最终消亡。

《孙膑兵法》是一部怎样的兵书？

《孙膑兵法》是中国古代著名兵书。作者孙膑，齐国人，中国古代著名军事家。《孙膑兵法》主要记载了孙膑的事迹和言论，以及阐述了孙膑的军事思想，提出了很多有价值的军事理论。这部著作对古代很多战争有所记载，具有很高的史料研究价值。

 孙膑都被剜掉了膝盖骨，又是怎么逃离大牢的呢？

　　齐国的使者来到魏国，孙膑一见机会难得，便买通看守的兵卒传出密信，要求齐国使者与自己见面。见面后，孙膑诉说了事情的原委，求使者帮自己离魏返齐。使者十分同情孙膑，也十分珍惜这个军事天才，便将孙膑藏在车中载回齐国。

第 **3** 章
商鞅变法图强

有言在先

　　在东方各诸侯国不断强大时，秦国却跟不上时代潮流，逐渐沦为了二流国家。秦国还不时遭受魏国和匈奴的轮番"捶打"，秦国上下一片怨声载道。

　　公元前 361 年，秦孝公即位。为了恢复秦穆公时期的霸业，秦孝公决心图强改革，便下令招贤，寻求富国强兵之策。而来自魏国的商鞅这时候出场了，他成为了秦孝公推行改革的核心人物。商鞅提出了一整套变法求新的发展策略，深得秦孝公的信任。

　　公元前 356 年和公元前 350 年，商鞅先后两次实行变法。经过商鞅变法，秦国的经济得到发展，军队战斗力不断加强，逐渐发展成为战国后期最富强的国家。

商鞅是个可靠的人

故事主角：商鞅

故事配角：秦国的百姓

发生时间：公元前 356 年

故事起因：商鞅担心变法不能取信于民，决定立木为信

故事结局：搬木的人获得五十两黄金，为变法赢得了民众
的信任

    秦国左庶长商鞅在变法前，有一个最大的担心，那就是新法得不到老百姓的信任和支持该怎么办？思来想去，他想到了一个建立信任的好方法。

    第二天，商鞅在国都集市的南门外竖起一根三丈高的木头，随即贴出布告："有谁能把这根木头搬到集市北门，就给他十两黄金。"搬动一根木头就赏赐十两黄金，做这么小的一件事情能得到如此高的酬劳，百姓们都不太相信。观望的百姓越来越多，却仍无人敢向前搬动木头。

见百姓都不相信，商鞅又贴出布告说："有能搬动木头到集市北门的，给他五十两黄金。"很多百姓站在那里，你看看我，我看看你，不知商鞅葫芦里卖的什么药。

俗话说：重赏之下，必有勇夫。赏金加到五十两黄金后，现场人头攒（cuán）动，百姓三三两两，交头低声商议。人人跃跃欲试，但仍无人敢出来搬木头。就在大家议论纷纷的时候，人群里终于走出来一个人，他说："让我来试试。"说着他就把木头扛起来，将其搬到了北门。商鞅果真赏给那个人五十两黄金。

这件事传开后，在秦国引起了不小的轰动。老百姓都相信商鞅是个言而有信的人。

城门立木，只为取信于民。商鞅通过此事就是想告诉百姓，让他们相信朝廷，凡是朝廷颁发的诏（zhào）令，一定严格执行，不问身份高低，对有功的人必赏，对违法的人必罚。

商鞅在城门立木，一举赢得百姓的信任，破除了百姓对朝廷的猜疑，为变法赢得了民众基础。

最悲惨的老师

故事主角：商鞅

故事配角：秦孝公、秦国太子、公孙贾等

发生时间：公元前 354 年

故事起因：秦国一些百姓非议新法，秦国太子知法犯法

故事结局：商鞅对顶罪的太子老师公子虔和公孙贾分别施
以劓刑、墨刑，从而推动新法施行

公元前 356 年，商鞅变法在秦国全面开展起来。可是万事开头难，就在商鞅变法推行了一年多后，很多老百姓因不能适应新法而纷纷到国都告状，仅国都就有一千多人非议新法。商鞅对此感到焦头烂额。

这次大规模的改革，也触动了许多贵族和大臣的利益，他们对新法大为不满，对新法的实行处处阻挠。为了给商鞅添堵，贵族们采取了明知故犯的伎俩（指不正当的手段或者花招），他们就想看看商鞅能拿他们怎么样，

于是太子犯法了。这"第一个吃螃蟹"的太子，就是日后的秦惠文王。

此时的变法正需要树立威信，可却有人偏偏在这个时候撞到刀口上，商鞅决定来个**杀鸡儆猴**（意思是杀鸡给猴子看。比喻用惩罚一个人的办法来警告别的人）。商鞅对秦孝公说："新法之所以不能顺利施行，主要原因就是不能做到人人平等，如果王公大臣都不遵守，百姓又怎么可能信任朝廷呢？"

但太子犯法，确实是一件大事，也是一件难事。以法治国，当然要一视同仁。可是对方是太子，商鞅敢将法实施到他的头上吗？秦孝公愿意吗？对此，商鞅想出了一个计策，既能免除惩罚太子，又能维护法律的尊严。这个折中的办法就是——处罚太子的老师。于是，太子的老师公子虔被处以劓（yì）刑，太子老师公孙贾被处以黥刑。

太子的老师遭到如此羞辱，太子自然痛恨商鞅，同时百姓也因此事见识了商鞅的威严。在商鞅惩罚了太子的老师后，再也没人敢非议和阻碍新法了。新法推行七年后，收到了明显的效果——百姓可以夜不闭户，路不拾遗，占山为王或者拦路抢劫的现象变得少之又少。

　　与此同时，变法之后的秦国经济发展迅速，有足够的经济实力应对战争的消耗。更为重要的是，百姓勇敢作战，以私斗为耻。秦国军队的战斗力也大为提升，在与其他诸侯国的作战中爆发出来。秦国国内社会秩序安定，没有违法乱纪的事。经过变法，秦国真正走上了富强之路。

你总是心太软

故事主角：商鞅、公子卬

故事配角：秦孝公、魏惠王等

发生时间：公元前 341 年

故事起因：商鞅游说魏惠王会盟称王，魏惠王不知是计欣
然同意

故事结局：魏国攻韩失败，秦国等国趁机再次打败魏国

公元前 344 年，商鞅来到了魏国，这次他是来游说魏惠王的。商鞅先对魏惠王歌功颂德一番，然后在魏惠王得意忘形的时候，劝他召开诸侯大会，然后称王。

魏惠王一听，吓了一跳。他再三斟酌（zhēn zhuó；反复考虑以后决定取舍），觉得自己确实如商鞅说的，有称王的资格。因此，魏惠王采纳了商鞅的提议，于同年邀请宋、卫、邹、鲁等国君主及秦公子少官进行会盟。

在大会上，魏惠王摆出了周天子的架势，并在诸侯

间**趾高气扬**（形容骄傲自满、得意忘形的样子）地发号
施令。与会的诸侯看到魏惠王这种姿态，无不感到厌恶。
只有秦国的公子少官偷偷地笑着，因为他知道这正是商
鞅的计策——麻痹魏惠王，让他的自负为自己树敌。

会盟时，虽然给了魏惠王一个"王"的头衔，但也
因此使得魏国沦为人人厌恶的魔鬼。

可是，令魏惠王想不到的是，大会上竟缺席了两个
国家——韩国和齐国，这还了得？齐国强大，不来就算了，
韩国一个小小的国家，怎么敢不来参加？韩国的这次不
捧场，令魏国感到不满，也因此引发了公元前341年的
魏韩战争。在这场战争中，韩国难以招架，最后求得齐
国的援救，齐国出兵，结果在马陵大败魏军。

马陵之战后，魏国还没从战争的创伤中走出，就被
秦、齐、赵三国"再补一刀"。原来秦孝公得知齐国大
败魏国后，立即听从商鞅的提议，联合齐、赵趁机进攻
魏国。

面对三军"群殴"，魏国派出了公子卬（áng）前往
西线抵抗秦国。这个公子卬和商鞅是老朋友，当两军对
峙时，商鞅便派出使者写信给公子卬。商鞅在信中怀念

了昔日和公子卬的交情，希望能暂时抛开国仇，两人私下聚一聚，痛饮一杯，叙叙旧情。

公子卬实在是个重感情之人，见信后便亲自赴约。可万万想不到的是，公子卬的真心换来了绝情，当他和商鞅聊得正欢时，忽然两边跑出士兵将他一举拿下。

魏军失了主将，商鞅便趁机出击魏军，魏军大败。

让你知道一下"瓮中捉鳖"。

商鞅给自己设了个死局

故事主角：商鞅

故事配角：秦惠文王、公子虔等

发生时间：公元前 338 年

故事起因：公子虔向秦惠文王告商鞅通敌，秦惠文王决定杀商鞅

故事结局：商鞅最终战死并被车裂示众，全家也被诛杀

公元前 338 年，秦孝公英年早逝，太子嬴驷（sì）即位，是为秦惠文王。商鞅得罪过曾经还是太子的秦惠文王，所幸秦惠文王还算是一个通情达理的明君，做事先以国家大事为重，并没有立即杀掉商鞅。

秦惠文王虽然恩怨分明，但他的老师公子虔却做不到。公子虔能够成为太子的老师，肯定不是简单的人物。他因商鞅割他鼻子一事耿耿于怀。可以想象，一个很有名望的人却没有了鼻子，那是一件多么让人感到耻辱的

事情。当公子虔听说太子嬴驷即位后，感到极度舒畅，他要借机干掉曾割掉他鼻子的仇人商鞅。

这日，多年没出门的公子虔来到大殿，将一纸诉状送到秦惠文王手中，只见秦惠文王读完后，眉头紧锁。原来，这诉状中所写内容是告发商鞅与魏国通信，图谋

走为上计。

造反。此事虽然疑点重重，却也不是毫无根据。

公子虔的诉状，引起了"蜂群效应"。很快，众多宗室旧贵族纷纷上书告状，可谓是"有仇的报仇，有冤的报冤"。众愤难平之下，秦惠文王想，为一人而使众人愤怒，这实在是划不来，不论商鞅是否通敌，先将他抓起来再说。

对秦惠文王来说，杀商鞅以平民愤，这是一个不难的选择。此时变法已经成效显著，深入人心，没有商鞅，变法依旧会在既定的轨道上继续推进，所以并不是非商鞅不可，既然如此，他的价值也就不大了。而宗室贵族却不一样，他们不仅势力强大，更有充分的利用价值。

商鞅对秦国忠心耿耿，为秦国发展壮大做出了贡献。而此时，为了国家的稳定，牺牲掉一个商鞅又算得了什么？在一番衡量之后，秦惠文王还是做出了杀商鞅的决定。

商鞅听说秦惠文王要"卸磨杀驴"，便趁着月色摸黑逃出来，往魏国方向奔去。一路奔波，又累得要命，眼见要出关了，便想在客栈（zhàn）住一晚，歇个脚，天亮了再赶路。

谁知商鞅来到客栈，却因为没有证件而被拒之门外，一连投奔几家，都是如此。依据商鞅的新法，住店要出示证件，没有证件的人若是被留宿了，店主也要承担相应的罪责，这就是所谓的连坐法。此时，商鞅心中五味杂陈，痛苦地说道："难道这是天意吗？！"商鞅竟然给自己设了个死局。

　　无奈之下，商鞅抱着试试看的态度，来到了魏国境内。商鞅曾领兵攻打魏国，魏人对商鞅特别仇恨，哪里还会收留他？

　　几次碰壁后，商鞅不得不跑回自己在秦国的封地，发兵攻打郑县。秦惠文王派兵应战，结果商鞅战败。商鞅被带回咸阳，被车裂而死，全家也被杀掉。

醒木一响，评书开场！
品茶听书，为你讲述有滋有味的战国传奇；
真真假假，权且当茶余饭后的谈资……
今天，我要给大家讲的是——鸡鸣狗盗！

鸡鸣狗盗

　　战国时期，秦昭襄王听说齐国的孟尝君很有才能，便请他到秦国担任相国。秦国的大臣们很不满意，纷纷对秦昭襄王说："孟尝君确实很有才能，但是不能让他担任秦国的相国。他出身王族，遇到重大问题，一定会先为齐国考虑，然后才会给秦国谋利，这样一来，秦国就危险了。"秦昭襄王认为有道理，于是撤了孟尝君的职，把他软禁起来，并想找机会把他杀掉。

　　秦昭襄王有个最受宠爱的妃子燕姬，只要燕姬说一，秦昭襄王绝不说二。孟尝君看情况不妙，派人给秦王宠爱的妃子燕姬送去了珍宝，求她说情，放自己回到齐国。燕姬说，她不要那些珍宝，只要孟尝君送给秦王的那件白狐狸皮大衣。

喔…喔…喔…

66

孟尝君把门客找来商量对策。这时，有一位门客自告奋勇，要把那件大衣偷回来。夜深人静的时候，这位门客悄悄地从狗洞爬进秦王的宫殿，神不知鬼不觉地偷回了那件白狐狸皮大衣。

　　燕姬得到白狐狸皮大衣，心花怒放，想方设法说服了秦昭襄王放弃杀孟尝君的念头，并准备过两天为他饯（jiàn）行，送他回齐国。

　　孟尝君可不敢再等，他连夜率领手下门客，偷偷骑马急急忙忙向秦国边境逃去。跑到函谷关，天还没亮，城门也紧闭着。按秦国法规，函谷关每天鸡叫才开门放行人出入，大半夜的，鸡怎么能叫呢？

　　这时候，孟尝君的一位门客学鸡叫，周围的公鸡听到了，纷纷跟着"喔，喔，喔"地叫了起来。守门人听到鸡叫声，把城门打开，放他们出去了。

　　秦昭襄王释放了孟尝君，马上就后悔了，连忙派人去追。追兵来到了函谷关，天才蒙蒙亮。这时孟尝君已经出了城门，怎么能追上。

知识补给站

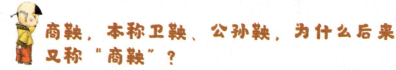

商鞅，本称卫鞅、公孙鞅，为什么后来又称"商鞅"？

商鞅是卫国的没落贵族，曾在魏国国相公孙痤（cuó）手下做事。公孙痤死后，他在魏国不被重用，于是到了秦国。后因在河西之战中立功，秦王把商、於地区的十五个邑封给了商鞅，号为商君，所以称之为"商鞅"。

商鞅在变法中实行的"连坐法"是怎么回事？

连坐法是在户籍编制的基础上实行的一种刑罚制度，即一人犯法，其家属、邻里等连带受到处罚。目的在于让百姓互相监视，互相揭发，以更好地维护国家统治。作战时，五人编为一伍，登记在名册上，一人逃亡，其他四人就要受到处罚，这是军队里的连坐法。

战国时，很多诸侯国都进行了变法，为什么只有秦国成功了？

秦国处于西北偏远地区，由于地理位置特殊，因而少了很多外界因素的影响，能安心进行变法改革。除此之外，秦国的商鞅变法得到了秦孝公的鼎力支持，突破了重重障碍和阻挠。在商鞅离世后，其变法的主张，依然得到很好的延续和施行，这些条件使得秦国最终变法成功。

第4章
"合纵"与"连横"的较量

有言在先

　　商鞅变法之后，秦国越来越强大，再也不是那个总看人脸色的西陲之国了。看着秦国一天天成为强国，其他诸侯国也感到了危险和压力——一对一单挑，应该打不过。此时的其他诸侯国之间也是打来打去的。

　　在这个时候，曾备受冷落的苏秦再次出山，他先后游说了燕、赵、韩、魏、齐、楚六国，并成功地组成了抗秦"合纵联盟"，使得秦国多年出不得函谷关。

　　你有张良计，我有过墙梯。秦国相国张仪也不是好惹的主儿。他开始运用软硬兼施的手段，主张连横策略，以一张嘴游说六国放弃抗秦，最终使六国合纵彻底失败。

我要活出个人样

故事主角：苏秦

故事配角：燕文侯、赵肃侯等

发生时间：公元前 334 年

故事起因：刚出山的苏秦被人看不起，他开始为梦想立志苦读

故事结局：苏秦成功游说六国组成抗秦"合纵联盟"，自己也成为六国的国相

苏秦，是战国时期著名的纵横家、外交家和谋略家。他年轻的时候，曾和张仪一起拜鬼谷子为师，学习纵横术。学成之后，苏秦想凭借自己的才能弄个一官半职。他先去见了周显王，可是由于学艺不精，周显王不看好他；他又去了秦国，秦惠文王对他也很冷淡。接连碰了几个钉子，苏秦还是不死心。他到处漂泊，眼看随身带的银两就要花光，自己还没有着落，只好失望地回到了家乡。

家里人看到苏秦如此憔悴（qiáo cuì）狼狈，都奚（xī）落嘲笑他，嫂嫂不给他做饭，连父母也不和他说话。

苏秦的自尊心受到了伤害，他心想："难道我这辈子就这样没有出头的日子吗？秦国不用我，我不是还可以去找其他六国的君主吗？如果我能够把秦国与六国之间的利害关系讲清楚，六国君主就一定会重用我的。"

为了实现自己的远大理想，苏秦开始发奋读书。他常常读书到深夜，每次一打瞌（kē）睡，苏秦就用锥子往自己的大腿上猛刺一下，痛得他马上清醒起来，振作精神继续读书。苏秦就这样刻苦用功了一年多，熟读了兵法并了解了各国状况。

公元前 334 年，苏秦开始游说（shuì）六国。苏秦到了燕国，等了一年多才见到燕文侯。苏秦游说燕文侯，先从地理位置上分析了燕国与赵国的相依之势，接着批评燕国的战略错误——担忧千里之外的秦国，却不担心邻居赵国；最后建议燕文侯联合赵国。燕文侯认为苏秦说得有道理，于是资助苏秦前去游说赵国。

苏秦第二次来到赵国，便游说赵肃侯，提出六国联合起来抵抗秦国的主张。苏秦详细分析了赵国和其他诸

侯国的关系，指出赵对韩魏的战略相依关系，进而说明
了自己的合纵主张——韩、魏、齐、楚、燕、赵六国联
合起来，共同对抗秦国。如此一来，秦国一定不敢轻易
出兵侵犯，赵国的霸主事业也就成功了。赵肃侯采纳了
苏秦的合纵主张，资助他去游说各诸侯国加盟。

　　这之后，苏秦又马不停蹄地到了韩、魏、齐、楚四
国进行游说。苏秦游说完各个诸侯后，六国达成合纵联盟，
团结一致。苏秦还被任命为合纵联盟的盟长，并且担任
六国的国相，佩戴六国相印。

我苦读万卷书，一
定可以得到重用。

一张嘴撬动六国

故事主角：张仪

故事配角：秦惠文王、楚怀王、楚国使臣等

发生时间：公元前312年

故事起因：为达到"连横"目的，张仪先来到楚国游说

故事结局：楚国被秦军打败并失去大片土地，六国合纵被破解

　　商鞅变法后，秦国国力日渐增强，对外扩张的胃口也是越来越大。面对虎视眈眈的秦国，其他六国都感到很不安。在苏秦游说六国合纵抗秦后，作为秦国相国的张仪再也坐不住了。

　　既然六国搞合纵，那秦国就来个见招拆招，搞个"连横"。此时，在六国中当数齐、楚两国最强大，因此必须拆散齐国和楚国的联盟。他向秦惠文王献了个计策，他假装辞去秦国相位，带着"大礼包"，以游说者的身

份投奔楚国。

公元前312年，张仪来到了楚国。楚怀王对张仪早有耳闻，盛情款待了他。楚王对张仪说："您来我们这个偏僻落后的国家，有什么指教吗？"

见楚怀王如此直白，张仪干净利落地说："大王如果能听我的意见，与齐国断交，秦国就会立刻割让商於（yū）一带的600里土地给贵国；让秦王的女儿嫁给大王做妻妾。秦、楚两国之间娶妇嫁女，结为亲戚，永世修好。"

楚怀王喜出望外，觉得这是一笔超划算的大买卖。楚怀王于是把相印交给张仪，宣布与齐国解除盟约，并派使臣随张仪接收商於之地。

为了骗过楚国使臣，在进入秦国都城停车时，张仪假装没拉稳车上的绳子，跌下马车，摔伤筋骨。伤筋动骨一百天，张仪在床上躺了三个多月，割让土地的事就这么耽搁着，楚怀王十分焦虑。

张仪的行为是此地无银三百两。楚怀王虽然看出这是一场表演，但他认为张仪故意摔伤，是因为楚国与齐国的断交做得不彻底。为了彻底与齐国断交，迎合张仪，楚怀王表演了一出狠毒的戏——派遣勇士到齐国辱骂齐王。

士可杀，不可辱，身为国君，更加不能受辱。为了合纵大业，齐王一直在忍，没想到楚国居然"蹬鼻子上脸"。

齐王于是砸碎了合纵的符节，低声下气地巴结秦国。楚国和齐国彻底解除盟约后，等楚国使者再提600里土地的时候，张仪却说只兑现割让6里土地的诺言。

使者回来一报告，气得楚怀王咬牙切齿，直翻白眼，随即发动10万大军浩浩荡荡地进军秦国。见楚军攻打，秦惠文王也发兵10万人迎战，齐国也跑来助战。一场大仗下来，楚国军队只剩下两三万人马，好处没捞着，反而被秦国夺去了大片土地。

这之后，张仪又放心大胆地去韩国、齐国、赵国、燕国等国逐一地推介他的连横策略。在他的策划下，秦国对韩、魏采取又拉又打的策略，迫使这两个国家没了脾气，只能竭力侍奉秦国以保全自己。张仪还曾率军向东侵伐，使秦完全占有了河西、上郡等地，国威大振。随着张仪连横策略的实现，也宣告苏秦的合纵策略彻底破产。

"招聘" 是个技术活

故事主角：燕昭王

故事配角：郭隗、乐毅等

发生时间：不详

故事起因：燕昭王为招到贤才，去请教老臣郭隗，郭隗给他讲了"千金买骨"的故事

故事结局：燕昭王重用郭隗，各国贤才投奔燕国，燕国最终打败齐国

公元前 311 年，燕昭王即位后，立志报复齐国，决心招纳贤才，振兴国家，但是效果并不理想。时间一晃过了好几年，燕国仍旧没有治国的人才。有人提醒他，老臣郭隗（wěi）挺有见识，不如去找他商量一下。

燕昭王亲自登门拜访郭隗，向他请教怎么招来贤才。郭隗摸了摸胡子，沉思了一下，给燕昭王讲了个故事：

从前有个国王，想买一匹千里马，但好几年，始终

没有买到。有一个大臣便自告奋勇，要帮他买到千里马。

那个大臣到处打听，费了三个月的工夫，终于听说某地有一匹千里马。等他兴冲冲地赶到时，刚好那匹千里马已经死去。他花了五百金买下那匹马的骸（hái）骨，赶回京城向国王报告。

国王一听大怒，说："我要的是活马，不是死马，你说说，死马买回来有什么用？还白白地浪费了五百金。"

那位大臣不慌不忙地向国王解释道："买这匹死马都花了五百金，更不要说活马了。这个消息传出去后，天下人都知道大王愿意出大价钱购买千里马，真有千里马的人听到这个消息，一定会主动把千里马送上门来。"国王听了，觉得有些道理，气也慢慢消了。果然，不到一年的工夫，国王就买到了三匹千里马。

讲完故事，郭隗接着说："如果大王真想招纳贤才，就先从任用我开始。像我这样的人都被重用，比我有才能的人一定会不远千里来到大王这里。"

燕昭王当真重用了郭隗，给他造官府，并且拜他做老师。各国有才能的人听说了这件事，纷纷跑到燕国来做官。其中最出名的是魏国人乐毅（yuè yì）。燕昭王请他整顿国政，训练兵马，燕国果然一天天强大起来。

燕昭王依靠贤才，发奋图强，励精图治，终于实现了自己的愿望——打败了齐国，收复了失地，振兴了燕国。

被塞进鼓里的国君

故事主角：齐愍王

故事配角：乐毅、触子、卫王、淖齿等

发生时间：公元前 284 年

故事起因：燕国大将乐毅率领军队进攻齐国

故事结局：临淄城被攻陷，齐愍王逃跑，最终被楚国淖齿等杀死

公元前 284 年，在燕昭王的命令下，乐毅佩戴燕、赵两国的相印，率领燕、赵、秦、韩、魏五国军队，浩浩荡荡地进攻齐国。

齐国上下一片慌乱。齐愍（mǐn）王急忙任触子为大将、达子为副将，命他们火速前去迎战乐毅。

两军沿济水安营扎寨，触子认为联军锐气当头，应先避开他们的锐气，凭河坚守，等联军疲倦后再出击。但是，齐愍王却威胁触子，如果不出兵作战，就斩了触

子的全家，甚至连祖坟都要刨开。触子最终悄悄地逃得不知所踪。乐毅见齐军群龙无首，于是率领军队杀得齐军片甲不留。

齐国已经惨败，诸国从中捞了不少好处，于是见好就收，纷纷撤军，只有燕军继续朝临淄（zī）进发。临淄城很快被攻陷，当时齐愍王已经逃跑了。

逃离国都后，齐愍王一路南奔来到卫国。曾经，齐国对卫国有恩。卫王感恩戴德，所以齐愍王在卫国也受到了礼遇。

但是，齐愍王还把自己当成以前的齐愍王，竟然在卫国耍国君的脾气，对卫国君臣毫不尊重。卫国一怒之下，断了齐愍王的供给。

齐愍王只能再次逃亡，他来到邹国和鲁国，结果这两个国家都不接纳他。无处可去的齐愍王只能逃回自己的国家。

正当齐愍王走投无路之时，楚国向他伸出了援手——派大将淖（nào）齿率领一万多人保护齐愍王。楚国之所以出兵，只不过是想牵制乐毅，使他不能完全占领齐国。

看见一线生机，齐愍王又摆出架子，封淖齿为相。尽管遭遇战乱，齐愍王自高自大的性格还是没有变，一贯轻慢侮辱他人。淖齿不是触子，所以起兵反抗，并很快控制了齐愍王。

淖齿问齐愍王，是否知道从千乘到博昌一带，天上下的雨是血雨。齐愍王很高傲地说不知道。

淖齿说在嬴、博一带，大地突然裂开，黑色的泉水迸涌而出，问齐愍王是否知道这些事。齐愍王还是高傲地说不知道。

最后，淖齿又问，人们常常听到山谷

一国之君，无处安身，悲哀啊！

之间有孤魂野鬼的哭声，问齐愍王是否知道。齐愍王仍旧高傲地回答，他什么都不知道。

忍无可忍的淖齿直接说，天上下血雨，是上天对齐愍王的警示；大地冒黑色的泉水，是表示对齐愍王的愤恨；至于山谷之间有哭声，那就是百姓对齐愍王的控诉。

此时，一位身材魁梧的大汉走到齐愍王身边，突然抽出一把刀，像解剖尸体一样将齐愍王的筋一根根拉断。紧接着，齐愍王被放进一面大鼓之中，大鼓成了齐愍王的归宿。

冯谖真的有眼光

故事主角：冯谖

故事配角：孟尝君、薛地百姓等

发生时间：不详

故事起因：孟尝君让冯谖去薛地收债，冯谖买回了"仁义"

故事结局：孟尝君被辞官回到薛地时，百姓夹道欢迎

战国时期，齐国有位名叫冯谖（xuān）的人，家中生活贫困，自己没有办法再生活下去，就让人向孟尝君转告，说愿意在孟尝君门下做食客。孟尝君问："冯谖有什么爱好没有？"回答说："他什么爱好都没有。"孟尝君又问："那他有什么过人的才能没有？"回答说："没什么才能。"孟尝君笑了笑，不知道说什么，就只好收留了冯谖。

一天，孟尝君叫管家拿出账簿（bù），并叫他去询问那些门客，看门客中有没有人愿意前往薛（xuē）地收

债。冯谖在本上签上了自己的名字，还写了一个"能"字在上面。孟尝君从来都没有在意过冯谖的存在，看见他签的名字后便问："这个人是谁？"左右的人说："就是那天有人向您推荐，还说他什么都不会的那个。"孟尝君笑道："他要果真有这般能耐，就真怪我亏待了他，到现在我还没见过他本人呢。"

于是，孟尝君就派人把冯谖请了过来，当面赔礼说："都怪我平时公务繁忙，把您给怠慢了，现在您愿意前往薛地为我收债，是吗？"冯谖回答道："是的，我愿意去。"于是，孟尝君就叫人为冯谖备好车马，整理好行装，装上债务票据，让冯谖马上启程。临行的时候，冯谖问："债收回来之后，需要买点什么回来吗？"孟尝君说："你看我家缺什么，你就带点什么回来吧。"说完，冯谖就走了。

冯谖到了薛地，叫当地的官吏把欠债的百姓都叫了过来，让他们核对契（qì）据。核验完毕后，确定无误，他便假托孟尝君的命令，把所有的债款都赏赐给这些欠债人，并当着大家的面将契据烧掉了。当地的百姓都高呼："孟尝君仁义！"

办完事情后，冯谖一刻也没有停留，快马加鞭，直奔齐都，清晨就去拜见孟尝君。孟尝君接见了冯谖，问道："薛地的债，你全都收回来了吗？怎么这么快就回来了？"冯谖说："全部都收了。""那你有没有买什么回来？"孟尝君问。冯谖答道："您告诉我说看家里缺什么，就买什么，我想了想，您家中珍珠宝贝无数，堂下也站满了美女，该有的都有了。我衡量了一下，您家里缺少的就是仁义，因此我替您买了仁义。"孟尝君道："你是怎么买仁义的？"冯谖道："您现在拥有小小的薛地，就应该爱护当地百姓。因此我假借您的命令，把债款赏赐给百姓，烧掉了契据，百姓高呼您仁义。这难道不是给您买了仁义吗？"孟尝君虽然很不高兴，但还是说："办得不错。"

　　一年后，孟尝君被辞官，只好到薛地去。离薛地还有百里之余，薛地男女老少都到路旁迎接孟尝君。孟尝君看到这样的情景，高兴地对冯谖说："您为我买的仁义，今天起到作用了。"

以其人之道，还治其人之身

故事主角：赵武灵王

故事配角：肥义、公子成等

发生时间：不详

故事起因：赵国屡遭中山国侵扰，赵武灵王决定推行穿胡服、练骑射

故事结局：在推行胡服骑射几年后，赵国最终打败中山国

公元前 317 年，赵国联合韩、魏一起攻打秦国。结果三国反被秦国打败，秦国一口气杀了赵国八万多士兵。接下来，秦国三番几次攻打赵国，侵占了赵国很多土地。不仅如此，就连中山国那样的邻界小国也不把赵国放在眼里，经常侵扰赵国。

是可忍，孰不可忍！尽管赵国想消灭中山国，但中山国每次都能在战争中占据上风。原来中山国的军队主要由健壮的战马和彪悍（biāo hàn）的骑兵组成。他们的战马是北方产的高头大马，力量大，跑得快。骑兵上

身穿紧身短衣，下身穿长裤，身上的铠甲也轻，不累人也不累马。

跟中山国士兵的服装搭配，他们的武器是弓箭。每当偷袭时，无数骑兵一队一队地冲向敌方战阵，马蹄踏地，声如雷响，气势十分威猛。令对方无法还击的是，他们并不冲入战阵，而是骑在飞驰的马上射箭。

每次大战时，中山国士兵的攻击速度特别快，他们的飞箭所向，赵国军士无不应声倒下。紧接着，中山国士兵会骑着战马径直冲向赵军的战阵。此刻，赵军根本

还是胡服穿着舒服。

无力反击。

　　既然敌军有速度和灵活上的优势，赵武灵王就决定取长补短，着手开展一场改革，也让赵国兵将穿胡服、练骑射。

　　可是"胡服骑射"的命令还没有下达，就遭到许多皇亲国戚的反对，他们觉得这样做不符合老祖宗的礼法。尽管赵武灵王苦口婆心地说穿胡服、练骑射的好处，但没有人"买账"。面对如此尴尬的局面，赵武灵王只好再次开展思想动员。

这次动员的对象是大臣肥义，如果肥义同意，改革的阻力将会大大减少。在赵武灵王动之以情、晓之以理的开解下，肥义最终选择支持赵武灵王的决定。

第二天，赵武灵王穿着胡人的服装上朝。大臣们见到他短衣窄袖的穿着，都吓了一跳。他们总觉得这件事太丢脸，不愿和他一样。赵武灵王有个叔叔公子成，是赵国很有影响力的老臣，头脑十分顽固。他听说赵武灵王要改服装，就干脆装病不上朝。赵武灵王不得不登门拜访，跟公子成反复地讲穿胡服、学骑射的好处。经过一番发人深省的开导，又考虑到国家三番五次遭受中山国的侵犯，公子成终于同意穿着胡服上朝了。

大臣们一见公子成也穿起胡服来了，都没话可说了，只好跟着改了。赵武灵王看到条件成熟，就正式下了一道改革服装、学习骑马射箭的命令。

从"胡服骑射"的第二年起，赵国的国力就逐渐强大起来，后来不但打败了经常侵扰赵国的中山国，而且在北方开辟了上千里的疆域。

一手交城，一手交货

故事主角： 蔺相如

故事配角： 赵惠文王、秦昭襄王等

发生时间： 公元前 283 年

故事起因： 秦国想用 15 座城池换取赵国的和氏璧；蔺相如出使秦国

故事结局： 蔺相如揭穿秦国的骗局，并安全地将和氏璧送回赵国

赵惠文王在位时，得到了楚国丢失的和氏璧。公元前 283 年，秦昭襄王派使者对赵惠文王说："秦国愿意用 15 座城池换取和氏璧。"

赵惠文王自然不是愚蠢之辈。他知道，一旦把和氏璧献给秦国，那么秦国答应的城池的事就泡汤了；但如果拒绝，秦国必然会找赵国麻烦。

赵惠文王急忙召集大臣们来商议，认为最好是有一

个能干的人，既能把和氏璧送去秦国，又能把它安全带回来。经过一番讨论，最后选中了大臣缪（miào）贤的门客蔺（lìn）相如前去完成重任。

蔺相如和随从带着和氏璧到达秦国。秦昭襄王便急不可耐地召见蔺相如。此时，秦昭襄王把全部心思都放到了和氏璧上，还将和氏璧传给大臣们一一鉴赏，根本

再过来我就砸碎它。

有事好商量。

没有交换城池的意思。

蔺相如心生一计，他走上前对秦昭襄王说："启禀大王，和氏璧还有一处瑕疵（xiá cī；比喻微小的缺点），请让我为大王指出来。"

当和氏璧回到蔺相如手里时，他向后退到殿中柱子处，义正词严地说："当初大王愿意以 15 城换这玉璧。但如今大王根本没有诚意换璧。如果大王不拿城池来交换玉璧，我就把自己的脑袋和这块璧一起撞碎在柱子上。"说完，蔺相如就要去撞。

别砸！

秦昭襄王一惊，立马妥协，还不断向蔺相如道歉。他命令大臣把地图拿来，指着 15 座城池给蔺相如看。

蔺相如将计就计，说："和氏璧为绝世重宝，赵王出于对大王的敬意，毫不犹豫地就将和氏璧献了出来，并且在和氏璧离开赵国之前，赵王还斋戒了五天。赵王都这样做了，大王您也要斋戒五天，并在朝堂上举行隆重仪式，我才敢把和氏璧献给大王。"秦昭襄王只好答应。

第二天，蔺相如让忠心于赵国的随从，怀揣和氏璧，从小道溜走，把它送回赵惠文王手中。

五天后，秦昭襄王在朝廷以隆重大礼接见蔺相如。当听说和氏璧已送回赵国，他大发雷霆，冲着蔺相如愤怒地说道："我在宫廷准备了隆重的仪式，而你却言而无信，将和氏璧偷偷送回去。来人呀，把他给我绑了！"秦昭襄王一边嚷嚷着，一边还说要杀掉蔺相如。

蔺相如不慌不忙地说："天下的诸侯都知道秦国是强国，赵国是弱国，大王如果有诚意，可以派一个小小的使臣到赵国，将15座城池交给赵国，赵国定然不敢违背大王的意思，必将和氏璧如约送上。如果您杀了我，天下人就都知道秦国不讲信誉了。"秦王冷静后，决定放蔺相如回赵国。

蔺相如回国后，赵惠文王感念蔺相如的功劳和才德，于是任命他做了上大夫。后来秦国没有给赵国城池，赵国也没有把和氏璧给秦国。

是我"格局"不够大

故事主角：廉颇

故事配角：蔺相如、赵惠文王等

发生时间：公元前 279 年

故事起因：蔺相如在渑池之会立功而被封为上卿，大将军廉颇不服

故事结局：廉颇因蔺相如的宽广心胸而感到内疚，亲自上门请罪

公元前 279 年，渑（miǎn）池之会结束以后，由于蔺相如劳苦功高，为赵国作出了卓越的贡献，被赵惠文王封为上卿，位在廉颇之上。

廉颇很不服气，他决定找准时机，一定要好好羞辱蔺相如。于是，廉颇逢人便说："我廉颇攻无不克，战无不胜，立下赫赫战功。他蔺相如百无一用，不过靠一张嘴，竟然爬到本将军头上去了，别人看他脸色行事，我可一点也不买他的账，让我碰见他，必定让他下不了

台！"廉颇的话很快传到了蔺相如的耳朵里，为了避免跟廉颇发生不必要的冲突，蔺相如假装生病不上朝。

一日，蔺相如坐车出去，他前脚刚刚踏出大门，便远远看见廉颇骑着高头大马而来。蔺相如为了不与廉颇发生正面冲突，赶紧叫车夫把车往回赶。

蔺相如的行为令手下很不解，于是他们便问蔺相如："您和廉颇都是朝中大臣，甚至您的官职还要比他高些，凭什么咱们见了廉颇，还要躲着他？这么下去，我们可受不了。"

这时候，蔺相如平静地回答道："你们想一想，秦王的残酷狡猾，天下人都知道。廉将军和秦王比，能比他强多少？"众人说："其他的不敢说，但是论起奸诈狡猾，廉颇将军怎么能够和秦王比呢？"蔺相如听了后，义正词严地说道："秦王如此穷凶极恶，我都不怕，廉将军如此慷慨大义，我会怕廉将军吗？因为我知道，强大的秦国之所以不敢攻打赵国，就是因为有我和廉将军在呀，如今两虎相斗，势必不能共存。我之所以忍让，就是把国家的急难放在前面，而把个人的私怨放在后面。"

蔺相如的话传到了廉颇的耳朵里。廉颇静下心来想了想，觉得自己为了争一口气，就不顾国家的利益，真不应该。于是，他脱下战袍，背上荆条，到蔺相如府上请罪。蔺相如见廉颇来负荆请罪，连忙热情地出来迎接。从此以后，他们成了好朋友，同心协力保卫赵国。

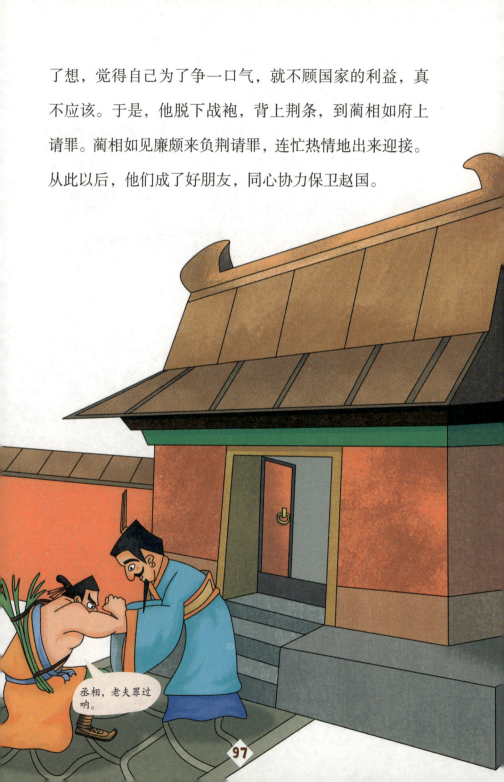

丞相，老夫罪过呐。

醒木一响，评书开场！
品茶听书，为你讲述有滋有味的战国传奇；
真真假假，权且当茶余饭后的谈资……
今天，我要给大家讲的是——端午节的传说！

端午节的传说

每年农历五月初五是端午节，人们也将这一天称为端阳节、午日节、五月节等。这是我国最古老的传统节日之一，始于战国时期，距今已有两千多年的历史。对于端午节的由来众说纷纭，不过流传最广的说法要数纪念屈原了。

屈原是战国时期楚怀王的大臣。他为了国家富强，倡导联齐抗秦，却遭到贵族子兰等人的反对，屈原遭到打压并被赶出都城流放。

公元前278年，秦军攻破了楚国，屈原不忍看到自己的祖国任人宰割，于是在五月五日这天投汨（mì）罗江自尽。

传说楚国的百姓知道屈原投江后，悲痛万分，他们纷纷来到汨罗江凭吊。正巧那天下着小雨，渔人们也不顾雨水，自发地行动起来，他们奋力划着船，在江上找

了很多个来回，但终究没有打捞到屈原的尸体。后来人们为了寄托哀思，常常荡舟于江水之上，渐渐地，就发展成了龙舟竞赛活动。当时有位老渔夫拿出饭团等吃食投到江水之中，说是这样就能使鱼虾吃饱，免得咬屈原的尸体。人们见了纷纷效仿，回到家中拿来吃食投到汨罗江中。这时有位老人站出来，拿了一大坛酒倒入江中。人们不解，纷纷问为什么倒酒。老人解释说："老一辈的人说过，这汨罗江中有条蛟（jiāo）龙，侵害了屈原的尸体就不好了。这是雄黄酒，可以药晕蛟龙，这样它就不会伤害屈原的尸体了。"这样就形成了端午喝雄黄酒的风俗。

后来人们怕吃食太少，可能很快就会被河里的鱼虾等生物吃掉了，屈原的尸体必定会遭到侵害。于是有人想到这样一个办法：用叶子把饭包起来，外缠彩丝，这样鱼虾就不会吃得太快了。之后，这种做法便流传开来，这种吃食就成了今天我们吃的粽子。

后来，在五月初五这一天，人们都要赛龙舟、吃粽子以及喝雄黄酒，以此来纪念屈原。

知识补给站

著名的和氏璧，后来到底流落到哪里了？

和氏璧是我国古代"传国之宝"，被尊崇为国家的象征。关于和氏璧的下落，目前有两种推测：第一种认为和氏璧被作为随葬品埋在了秦始皇的陵墓内，并没有作为传国玉玺流传后世。另一种认为和氏璧可能在秦末战争中丢失或者被项羽掠夺而去。后来，项羽兵败，又使和氏璧下落不明。

中山国是一个怎样的国家？

中山国是春秋战国时白狄的一支——鲜虞在公元前507 年建立的国家，在今河北省中部太行山东麓一带，处在赵国和燕国之间，因都城中有山而得国名。随着国力达到鼎盛，公元前 323 年，中山国与赵、韩、魏、燕同时称王。公元前 296 年，中山国最终被赵国所灭。

"渑池会盟"发生了什么？

战国时，秦赵两国在渑池进行会盟。在宴会上，秦王以强凌弱，胁迫赵王鼓瑟且令记入秦史。蔺相如愤然而起，请秦王击缶，秦王怒而不允，蔺相如正气凛然迫使秦王击缶，亦令记入赵史。由于蔺相如不顾个人安危，机智勇敢，挫败了秦国的嚣张气焰，长了赵国的志气，因此在历史上传为佳话。

第**5**章

远交近攻，开启六国噩梦

有言在先

　　秦昭襄王在位时，得到了一个治世之谋臣——范雎。他不仅帮助秦昭襄王解决了"呼风唤雨"的宣太后，清除了魏冉等权臣，还提出了"远交近攻"的外交策略。

　　随着这一策略的推行，此时的秦国站在了外交的制高点上，稳住了强大的齐国和楚国的同时，开始陆续攻打韩国和赵国。仅在长平之战，秦国大将白起就斩杀赵国 40 万兵将，让赵国损失惨重。秦国的持续对外战争，大大加快了秦国统一的六国进程。

范睢——秦国手中的"王炸"

故事主角：范睢

故事配角：秦昭襄王、宣太后、魏冉等

发生时间：公元前 271 年—公元前 266 年

故事起因：范睢面见秦昭襄王，提出"远交近攻"的外交策略

故事结局：秦昭襄王解除了宣太后的权力，开始了统一六国的步伐

秦昭襄王嬴稷（jì）是个"苦命人"，在他即位后的几十年里，一直活在宣太后的掌控之下，没有真正的实权。他一直感到很苦闷，但又不敢反抗，只能小心翼翼地默默等待机会。

公元前271年，一个影响秦国命运的关键人物出现了，他就是范睢（jū）。

这一年，秦国的穰（ráng）侯魏冉为了扩大自己的地盘，带兵去攻打齐国。范雎觉得自己的机会到了，只要能够见到秦昭襄王，将自己的想法向他陈述，那么自己就会从此一飞冲天。秦昭襄王看了范雎的信后，喜出望外，当即决定接见范雎。

到了"面试"这一天，范雎到了宫门口，故意走内宫的通道。这时恰巧秦昭襄王出来，手下大声呵斥范雎："大王来了，赶紧离开！"范雎高声说："秦国哪里有王？秦国只有太后和穰侯呀。"秦昭襄王听后，感到此话正中自己痛处。于是，他下车走了过来，当他知道是范雎后，赶忙将范雎请进宫殿中密谈。

范雎见秦昭襄王如此礼贤下士，感到特别高兴。秦王喝退了左右，和范雎促膝长谈起来。

范雎对秦王说道："范雎虽只是秦国的过客，跟大王也没有多少交情，但范雎现在要说的事情，牵涉您的骨肉之亲、母子之爱，似乎有些大逆不道。现在您上害怕太后，下被乱臣迷惑，自己身居深宫禁院，也没人帮助您辨出好人坏人。长此以往，从大处说国家会灭亡，从小处说您自身也处于危险之中，这是我所担忧的。"

范雎一番言语，也将秦昭襄王彻底感动了。秦昭襄王真诚地说道："不论事情的大小，上至太后，下至大臣，希望先生都坦言直说，只要有道理，寡人就会嘉奖，如果没有道理，寡人也不会怪罪。"

接着，范雎**趁热打铁**（比喻抓紧有利的时机和条件去做），展开他的长篇大论："现在的东方六国之中，唯有齐国势力强大，同时又离秦国很远，因而齐国是秦

国最为理想的结交对象。试想，如果秦国攻打齐国，军队要经过韩、魏两国。如果军队的数量太少，则一时之间必定难以取胜；如果多派军队，则打胜了也无法占有齐国土地。我看还是该采取'远交近攻'的方法，先稳住远点的国家，再进攻最近的国家。先把韩国和魏国攻打下来，那么到时候再攻打齐国、楚国等大国，还有什么难的呢？"

秦昭襄王听了，直呼妙计，说道："就按照您说的办，这样统一六国就指日可待了。"很快，秦昭襄王把攻打齐国的军队撤了回来。

在范雎的辅佐下，公元前266年，秦昭襄王解除了宣太后的权力，拜范雎为相。随着"远交近攻"策略的实行，东方六国的噩梦也开始了。

纸上谈兵酿惨剧

故事主角：赵括

故事配角：秦昭襄王、王龁、赵孝成王、廉颇、范雎等

发生时间：公元前 260 年

故事起因：秦国与赵国战于长平，赵国撤回廉颇，派赵括出战

故事结局：赵括只会纸上谈兵，最终导致 40 万士兵被斩杀

公元前 262 年，秦昭襄王派大将白起向韩国进攻，切断了上党和韩都的联系。在形势危急之下，上党的韩军将领打发使者去赵国请降。赵孝成王派军队接收了上党。过了两年，秦国又派王龁（hé）带兵把上党团团围住。

赵孝成王得知消息，连忙派廉颇率领 20 多万大军前去援救上党。他们到长平（今山西高平县）时，听说上党已经落入秦军之手。

王龁转而进军长平。廉颇连忙叫兵士们修筑堡垒，

坚守阵地准备做长期抵抗的打算。王龁无计可施，只好派人回报秦昭襄王。

秦昭襄王请范雎出主意。范雎说："要打败赵国，

我们要来个"挑拨离间"。

109

必须把廉颇调开。"他沉思了一会儿，想出了一条计策。

过了几天，赵孝成王听到左右纷纷议论，说："秦国就是怕让年轻有为的赵括带兵；廉颇老了不中用了，眼看就快投降啦！"

他们所说的赵括，是赵国名将赵奢的儿子。赵括自幼爱学兵法，谈起用兵之道，口若悬河，自以为天下无敌，不把任何人放在眼里。

赵孝成王听信了左右的议论，叫人把赵括找来，问他能不能打败秦军。赵括说："王龁没有什么了不起的，要是换上我，打败他轻而易举。"赵孝成王听了很高兴，就拜赵括为大将，去接替廉颇。

赵括母亲也给赵孝成王上了一道奏章，不赞成赵孝成王派他儿子去换廉颇。赵孝成王把她召了来，问她这样做的原因。赵母说："他父亲临终时再三嘱咐我，赵括这孩子把用兵打仗看作儿戏似的，派不上用场。将来大王不用他还好，如果用他为大将的话，只怕赵军断送在他手里。"

赵孝成王说："你不要管了，我已经决定了。"

赵括替换廉颇的消息传到秦国，范雎就秘密派白起代替王龁为上将军，去指挥秦军。赵括上任后，改变了固守防御战略，让大小将领大为不满。接着他制定了进攻方案，传令准备出击。

公元前260年8月，赵括率赵军主力出城进攻秦军。两军交锋后，白起带兵假装后撤，诱敌深入。赵括误认为秦军害怕了，便挥师紧追。当赵军追到长壁后，埋伏在这里的秦军主力精锐倾巢而出。赵军渐渐抵挡不住，并被秦军"包了饺子"。

赵王大惊，忙派兵增援。秦王知道后，便派兵堵截赵国援军，断其粮道。赵军被困46天，粮尽援绝，内部大乱。几次突围失败后，赵括决定殊死一搏，亲领赵军精锐强行突围，结果再遭惨败，赵括本人也中箭身亡。赵军失去主帅，便全部投降。白起怕赵军日后反叛，只让不满14岁的240人归赵，其余全部被坑杀于长平。

秦赵长平之战，以赵国的惨败而告终，赵军死亡人数达40万，赵国由此元气大伤。

毛遂是个"硬茬子"

故事主角：毛遂

故事配角：赵孝成王、平原君、楚王等

发生时间：公元前 258 年

故事起因：秦国进攻赵国，平原君挑选门客出使楚国，毛遂自荐

故事结局：在毛遂的威逼和劝谏下，楚王最终决定派兵救赵

公元前 258 年，秦昭襄王派白起带兵围攻赵国邯郸（hán dān）。危难之时，赵孝成王命令平原君赵胜到楚国去求救。

平原君决定带门下食客 20 人一起去楚国，但最后选定的能拿得出手的只有 19 人。俗话说好事成双，这差一个人怎么办呢？

正在这时，毛遂（suì）自告奋勇地站了出来，对平原君说道："我叫毛遂，听闻先生要去楚国和楚王订立

合纵盟约。跟随前去的门客还少一人，我便来向先生请命，我想和先生一起出使楚国。"

平原君看毛遂是个生面孔，**和颜悦色**（形容态度和善可亲）地问道："以前没有见过先生，你到我门下有多久了？"毛遂答道："到今天为止，已经三年有余了。"

平原君毫不客气地说道："有才能的人在这个世界上，好比锥子放置在口袋中，它的尖梢会很快显现出来。先生到我门下已三年多，可我却还不认识你，先生肯定没有什么拿得出手的才能。"

毛遂直截了当地说道："如果我早就处在口袋中的话，便会像禾穗的尖芒那样露出来，何止是那尖梢呢？"

平原君一惊，心想："这人虽然有点爱说大话，但是很自信，能说出这番话，定然不是一般人。"平原君当即决定带他出使楚国。

平原君一行人来到楚国，在好朋友春申君的引荐下，平原君很顺利地见到了楚王。然而，楚王对合纵这件事多有疑虑和抵触，谈判很不顺利。他们从早上辩论到中午，谁也没有说服谁。

此时，平原君带来的随从们都着急了，他们联合推举毛遂上台。

毛遂见状，当仁不让地拿着宝剑，一步步登上了台阶，浩气凛（lǐn）然地说道："对于合纵，你们有什么好争论和犹豫不决的呢？"

楚王的一腔怒火正无处发泄，见此人如此无礼，便大声喝道："你是什么人？竟然如此大胆，在这里说大话。"

平原君赶紧向楚王介绍道："这是我门下的食客。"

楚王发怒道："一个小小的食客，没有你说话的份儿，还不赶快下去？"

毛遂不为所动，反而手握剑柄上前几步，向楚王说道："在这十步之内，大王的性命就在我的手里。现在应该害怕的，不是我而应该是大王您啊。"楚王见毛遂那么勇敢，没有再呵斥他，而是听毛遂讲话。

毛遂接着说道："天下谁人不知，谁人不晓，昔日'春秋五霸'之首的楚庄王，他当年是多么霸气？但后来却因为秦国，使楚国连番损兵折将，失去土地，甚至连楚怀王也客死他乡，难道大王不感到羞耻吗？合纵这件事更多地是为了楚国，并不仅仅是为了赵国呀。"

毛遂的话可谓一针见血，楚王听得面红耳赤，当即决定订立"合纵"盟约。

很快，平原君便拿着合纵的盟约回到了赵国，楚王也决定，让春申君带领八万楚军前去邯郸营救赵国。

从此，毛遂便成了平原君的上等宾客。

偷出来的援军

故事主角：信陵君

故事配角：平原君、魏王、晋鄙、侯嬴等

发生时间：公元前 258 年

故事起因：平原君通过信陵君向魏国求救，魏军出兵，却观而不救

故事结局：信陵君冒着风险盗取兵符，成功解救邯郸城

公元前 258 年，秦国大军疯狂地进攻赵国邯郸城。在赵国大将廉颇的守护下，邯郸城**固若金汤**（形容工事无比坚固）。为解邯郸之围，平原君派人火速前往魏国求救。

信陵君的姐姐是赵国平原君的夫人，平原君自然派人先去找小舅子信陵君。在信陵君的再三劝说下，魏王才派将军晋鄙（bǐ）领兵十万救赵。然而，晋鄙大军却在邺地留了下来，名义是救赵国，实际却是隔岸观火。

原来秦王派使者向魏王放狠话了："秦军很快就能灭亡赵国，谁敢出兵救赵国，等秦军结束邯郸之战后，

首先就去攻打它。"魏王很害怕，只好答应。

此时，平原君急得如热锅上的蚂蚁，他不断派使者出使魏国，信陵君也多次前去劝说魏王，但魏王就是无动于衷。一气之下，信陵君率领门下食客，带领 100 辆战车前去援救赵国。

在路上，信陵君遇见了侯嬴。面对知己，信陵君将事情如实相告。谁料侯嬴只说道："公子去赵国大展拳脚，我就不跟随你了。"信陵君见状，只能气呼呼地驾着车继续前行。信陵君越想越气愤，心想："平日里，我对你那么好，今天我要去送死了，你竟然一句安慰的话都没有。你安的什么心？"

于是，信陵君驱车追上了侯嬴。一见面，侯嬴便笑着说："我早就料到公子会回来的。今日公子攻打秦军，就是羊入虎口，又有什么用呢？"见周围没有外人，侯嬴便神秘地对信陵君说："我听说调集晋鄙大军的兵符，就放在大王的卧室里。有一人能帮助你，这个人就是如姬。当初如姬的父亲被人杀害，如姬求魏王为她报仇，可是一直没有成功。最终是您为她报了杀父之仇。如姬对公子很感激。如果此时请如姬帮忙，她一定会帮您盗取

兵符。"

信陵君连夜入宫，找到了如姬。很快，如姬将兵符盗取了出来，交到了信陵君的手中。

信陵君马不停蹄地找到了侯嬴，准备命他和自己一起前去调集晋鄙的大军。

侯嬴说："即使拿了兵符去，难免晋鄙不会心生怀疑。到那时，出兵救援赵国一事，就不能成功了。公子还会因为擅自调动军队而受刑。"

于是，侯嬴向信陵君推荐了一个屠夫，也就是侯嬴的好友朱亥（hài）。信陵君一行很快就到达了魏军的屯军之所邺地。信陵君见到了晋鄙，将自己手上的半块兵符拿了出来，与晋鄙手中的另外一半合在一起，没有丝毫误差，但还是引起了晋鄙的怀疑。不等晋鄙质问，朱亥用重达40斤的铁锥向晋鄙砸去。晋鄙脑浆直流，当场就死了。

信陵君有惊无险地做了十万魏国军队的统领，并挑选了八万斗志高昂的精锐战士。这八万魏军如同猛虎下山，和赵军里外夹攻，把秦军打得落花流水，邯郸之围就此解除。

李冰杀蛟龙

　　李冰在担任蜀郡郡守的时候，江里出了个蛟龙，年年作怪，发大水淹没了不少好土地，冲毁了不少房屋，使许多人流离失所，无家可归。李冰看在眼里，急在心里，决心要为民除害。思虑来思虑去，他竟然能够变化了。他变成了一头大牛，到水里去和蛟龙拼斗。

　　那蛟龙也很厉害，也变成了一头和李冰变的大牛一模一样的牛，两头牛在水里斗得波浪滔天，天昏地暗，直斗了一天，也分不出胜败。

　　李冰又变回来，上了岸，挑选了几百名特别勇猛的

士兵，都配备上硬弓利箭，叫他们守候在江边，对他们说："上次我化作牛形，去杀蛟龙，蛟龙也变成了牛形和我斗，打了个平手。一会儿我再下水里去变作牛形，蛟龙也一定还要变成和我一样的牛。这次我预先在身上系个白绸子，你们在岸上看准了，往那没有白绸子的牛身上射，一定要除掉那蛟龙！"

等到士兵们答应了以后，李冰就大喝了一声，一纵身，跳进了波涛里。不一会儿，又刮起了大风，打起了沉雷，白浪滔天，天地好像都合在一起了。稍稍平静了一会儿，果然波浪翻涌间闪出了两头拼死争斗的牛，一头牛身上真的系着白绸子。等到岸上的士兵们认准了，就一齐用足了力气，张弓搭箭，专射那没有系白绸子的牛。几百张硬弓，转眼间就是上千支利箭，蛟龙变的牛怎么能躲得过？它立刻就中了不少箭，失去了战斗力，被李冰杀死了。

从此以后，蜀人就再也不受水灾的侵害了。有人说，蜀地有斗牛的习惯，就是为了纪念李冰变成牛去和蛟龙搏斗而流传下来的。

知识补给站

你可知道"纸上谈兵"的具体含义?

纸上谈兵,常用于形容长平之战失利的赵括。战国时赵国名将赵奢的儿子赵括,年轻时学兵法,谈起兵事来父亲也难不倒他,但缺乏实践经验。后来他在长平之战中,只知道根据兵书部署作战方案,贸然进攻,结果被秦军打败。此后,就用"纸上谈兵"来比喻空谈理论,不能解决实际问题。

秦国大将白起为何等人物?

白起是中国战国时期著名的军事家。白起曾在伊阙之战大破魏韩联军,攻陷楚国国都郢城,长平之战重创赵国主力,战功赫赫。在白起担任秦国将领的30多年里,攻下城池 70 多座，歼灭近百万人。他与廉颇、李牧、王翦并称为"战国四大名将"。

信陵君盗取的兵符到底为何物？

信陵君盗取的兵符，实际上是虎符。虎符最早出现于春秋战国时期，为中国古代帝王授予臣子兵权和调动军队的信物。虎符为铜制、虎形，分左右两半，有子母口可以相合。右符留存中央，左符在将领之手。帝王若派人前往调动军队，就需带上右符，持符验合，军将才能根据命令行动。

第6章

秦国一统江山

有言在先

公元前 247 年，年仅 13 岁的少年嬴政被推上王位。秦王嬴政有胆有识，他不仅杀掉了叛乱的嫪毐，还干掉了压制他的吕不韦。扫清了自家后院，秦王嬴政就开始收拾其他六国。

公元前 230 年，秦国最先灭亡了韩国，接着摧毁了赵国，把赵国的王族大臣打得颠沛流离。几年后，秦军又相继干掉了魏国、楚国、燕国。公元前 221 年，秦国又轻而易举地灭掉了"看客"齐国。

至此，秦国完成统一大业，历史正式进入了大秦帝国时代。

一封信改变命运

故事主角：李斯

故事配角：秦王嬴政

发生时间：公元前 238 年

故事起因：为保证秦国利益，秦王嬴政决定把所有客卿都撵出秦国

故事结局：李斯上书劝谏，秦王嬴政收回命令

公元前 246 年，秦国由年仅 13 岁的太子嬴政继位。吕不韦被尊为相国，主持朝政。大权落入太后赵姬、吕不韦和假宦官嫪毐（lào ǎi）手中。

公元前 239 年，即嬴政亲政的前一年，吕不韦和嫪毐不甘心放弃手中的权力，采取种种手段，力图保住自己的地位。同样，富有谋略的嬴政也不甘心听任吕不韦和嫪毐的摆布，一场激烈的政治斗争开始了。

公元前 238 年，嬴政下令发兵镇压嫪毐叛乱，车裂嫪毐。嫪毐是吕不韦一手引荐的，因此此事牵连到了吕不韦。秦王嬴政觉得吕不韦不听摆布，便免了吕不韦的职，后来又逼吕不韦自杀。

吕不韦一死，秦国的一些大臣找到秦王嬴政，要把当时吕不韦迎来的客卿都撵出秦国。秦王嬴政表示赞同，就下了一道逐客令，让所有不是秦国人的官员都离开秦国。

有个楚国来的客卿李斯，受到吕不韦的赏识，留下来当了客卿，自然也在被驱逐之列，他心里有点想不通。离开咸阳的时候，他给秦王嬴政上了一道奏章。

李斯在奏章上说："秦穆公在位时，有了百里奚、蹇叔，当了霸主；秦孝公在位时用了商鞅，变法图强；秦惠文王在位时，用了张仪，拆散了六国联盟；秦昭襄王用了范雎，建立了功业；现在大王执政，却把外来的人才都撵走，这不是帮助其他国家增加实力吗？"

秦王自然也不是昏庸之辈，读完李斯这篇言辞恳切、才华横溢的奏章，不禁心怀大畅。秦国有了这等良才，何愁大事不成？于是，秦王马上取消了逐客令，李斯也借机**平步青云**（指人一下子登上了很高的官位），受到秦王的重用，做了主管刑法律令的廷尉。秦国更加注重招揽贤才，重用列国客卿，这些人大多数都怀有成就功名大业的志向，在功成名就的同时，也为秦国的统一大业作出了贡献。

先拿小韩磨磨刀

故事主角：秦王嬴政

故事配角：韩王安、内史腾等

发生时间：公元前 233 年—公元前 230 年

故事起因：秦王嬴政对韩国采取内部分化策略，韩国郡守投秦

故事结局：秦国最终轻而易举地灭掉韩国

秦王嬴政时，与赵国曾打过几仗，结果很不理想。此时的赵国有些不好惹，还具备对抗秦国的实力。既然大国不好惹，那就先拿小国开刀。于是，嬴政把目光投向了最弱小的韩国。

韩国作为"战国七雄"中实力垫底的国家，一直处于最为尴尬的境地。它在各大国的夹缝中勉强存活，在多年的动乱中，始终是遭受最大伤害的那一个。而它所处的优越地理位置，也给自己招致了各种祸端。在韩国

的发展史上，它基本都是"受气包"的角色。

公元前233年，秦国的大军直扑韩国，当时的韩王安已经束手无策，只好乖乖地向秦国纳地献玺（xǐ），并自愿成为秦国的藩臣。在这场战争中，韩国彻底失去了七雄之一的地位。

如果韩国有一个志向高远的君主，那它或许还有救。但当历史决定让韩王安来做国君的时候，韩国便注定从此失去了翻身的机会。

此时的韩王安身处险境，却不思进取，他的态度也引起了臣子们的极大不满，直接导致韩国从上到下君臣离心，而这也正好给了秦国一个很好的渗透机会。因此，秦王嬴政便开始在韩国培植亲秦势力，企图分化韩国并控制韩国，最后达到灭亡韩国的目的。

在这次的分化策略上，秦国最终选择了时任韩国南阳郡郡守的腾。腾是当时韩国少有的能臣之一，后因在秦国官封内史，故称内史腾。

公元前231年，腾主动向秦国投降，并将南阳地（今河南境内太行山南、黄河以北地区）全部献给了秦国。秦国轻而易举地接受了韩国的一块土地，令疆域本已狭窄的韩国更显窘迫。

南阳郡一失，本已束手无策的韩国除了静静地等待死亡的来临，再也不能进行任何反抗了。这之后，秦国将这块土地作为前进的基地，使它以一个跳板的姿态为进攻韩国提供了条件。

南阳郡到手，韩国已是奄奄一息，这个时候正是出手的好时机。秦王嬴政决定彻底吞并韩国，免得看着它这般苟延残喘（勉强延续临死前的喘息。比喻暂时勉强维持生存）。公元前230年，秦王嬴政派内史腾率领十万大军攻韩，一路长驱直入。韩国凑集了五万兵力抵抗，但根本无济于事，秦军很快攻下韩国都城新郑，并俘虏了韩王安。韩国从此消失在历史的舞台上。

最失败的刺杀行动

故事主角： 荆轲

故事配角： 太子丹、樊於期、秦舞阳、秦王嬴政等

发生时间： 公元前 227 年

故事起因： 燕国太子丹想派刺客荆轲刺杀秦王嬴政

故事结局： 荆轲的刺杀行动失败，命丧秦宫

秦国灭掉韩国后，又占领了赵国大部分国土，并将"魔爪"伸到燕国南部边界。火烧眉毛之际，燕国太子丹和大臣们深知，等待他们的将是一场血雨腥风。但秦国强大，而燕国太弱，总不能用鸡蛋碰石头。

既然无力对抗，那就来个擒贼先擒王。太子丹和众大臣想出了一个铤（tǐng）**而走险**（指在无路可走的时候采取冒险行动）的办法——刺杀秦王，而执行这一任务的刺客，就是荆轲（jīng kē）。

荆轲对太子丹说："没有什么凭信之物，就无法接

近秦王。秦国的将军樊於（wū）期正在燕国流亡，秦王正在捉拿他。除此之外，听说秦王很想得到燕国最肥沃的土地督亢（今河北省涿州市一带）。如果将樊将军的首级及燕国督亢一带的地图献给秦王，秦王一定高兴地召见我，我就有办法报答太子了。"

因太子丹与樊於期交情深厚，荆轲知道太子不忍心，于是私下里会见樊於期，将对太子丹说的话又说了一遍，樊於期为报仇，为了成全荆轲的刺杀行动，最终自杀而死。

公元前227年，荆轲带着燕督亢地图和樊於期首级，前往秦国刺杀秦王嬴政。临行前，燕太子丹等人在易水边为荆轲送行，场面十分悲壮，众宾客都流着眼泪。告别后，荆轲和帮手秦舞阳上车离去。

荆轲来到秦国后，秦王让荆轲在咸阳宫内享受了**九宾之礼**（我国古代最隆重的礼节）。秦王穿上朝服端坐在朝堂之上，荆轲拿着装有樊於期头颅的匣子走到秦王面前。然而，让荆轲担心的事情还是发生了——拿着装督亢地图的匣子的秦舞阳面色发白，浑身发抖。荆轲对秦王说道："他是北方荒野之地的粗人，没见过这么大的阵仗，万望大王不要怪罪于他。"秦王只是看了看四周并没有说什么，于是让他把地图拿过来。

荆轲依言取来了地图，将地图慢慢地展开，很快图穷匕见。说时迟那时快，荆轲左手拉住秦王的衣袖，右手挥着匕首狠狠地刺了下去。但是荆轲的匕首落空了，更让人匪夷所思的是，秦王挣脱了荆轲，伸手去拔自己的佩剑。但因剑太长，慌乱之中一直拔不出来。荆轲却依然没有抓住第二次机会，只是追着秦王，绕着柱子跑。

正在秦王被荆轲追杀、群臣乱作一团之时，一个名叫夏无且的御医把身上带着的药囊扔向荆轲。这个药囊极大地影响了荆轲，使秦王有了喘息之机。

这一次，秦王拔出了宝剑随意砍出，荆轲的左腿便被砍中。秦王挥剑不停地砍，荆轲浑身上下满是伤痕。荆轲靠着柱子，哈哈大笑道："因为想要活捉你，让你归还诸侯的土地，所以才导致了事情的失败。"

这时，殿前的侍卫们快速上前斩杀了荆轲。

秦国笑到了最后

故事主角：秦王嬴政

故事配角：李信、王翦、王贲、楚王负刍、齐王建等

发生时间：公元前 225 年—公元前 221 年

故事起因：为完成统一大业，秦王嬴政开始进行最后的战争

故事结局：楚国、燕国、齐国等国相继被灭，秦国统一天下

在秦国统一六国的路上，楚国让秦国摔了一个大跟头。公元前 225 年，李信率领 20 万兵力进攻楚国，先是一路凯歌，而后竟然全线溃败，李信仓皇逃回了秦国。

秦王嬴政一听秦军大败的消息，顿时火冒三丈，为自己轻信李信而感到无比懊悔。秦王立刻驾着马车，来到了王翦（jiǎn）的老家。

一见面，秦王便打开天窗说亮话，一说自己和李信的错误，二便是请王翦出山。秦王再三道歉，说道："寡人不采用将军的计谋，使得李信毁掉了秦军的声威。将军即使有病，难道忍心丢下寡人不管吗？"王翦推托说：

"我有病，不能带兵。"但识时务者为俊杰，王翦最终说道："没有60万大军，去了也是大败而归。"秦王只好答应。

公元前223年，王翦率领60万大军，浩浩荡荡地向楚国进发。此刻，楚国上下积极备战，士气高昂。但王翦并没有直接进攻，因为他知道眼下只有先重挫敌人的锐气，才能够收到奇效。

王翦命令大军高筑营垒，坚守不出。楚国军队采取激将法，不断前来叫骂、挑战，但丝毫不起作用。过了一段日子，王翦问密探："军中在玩什么？"回答说："正在玩投石、跳远的游戏。"王翦说："可以出兵了！"这时的楚军正转而去防守自己的边境。王翦等的就是这个机会，秦军以逸待劳，楚军如惊弓之鸟，在一连串的歼灭战之后，楚王负刍（chú）最终选择了投降。

公元前222年，秦王嬴政派王翦的儿子王贲（bēn）率军进攻辽东燕国残部。不久之后，燕王喜便含着悔恨而无奈的泪水，望着燕国的土地被划入了秦国的疆域之中。燕国灭亡后，王贲转攻代郡，俘虏了代王嘉，彻底清除了赵国的残余势力。

为了尽快完成统一大业，公元前221年，秦王嬴政派刚在燕地取得巨大功绩的王贲挥戈南下，直取齐都临淄。

在秦国军队进攻其余五国的时候，齐国竟然做了旁观的看客，采取了观望的态度。在安宁中沉寂了几十年的齐国，面临王贲大军的突然压境，已如一只任人宰割的绵羊，根本无力抵抗，齐王建便打开了城门，将齐都临淄拱手送给了秦国。

此时的秦国，已彻底吞并了韩、赵、魏、楚、燕、齐六国，结束了诸侯割据的纷乱时代，正式迎来了大一统的大秦帝国时代。

王翦是个聪明人

故事主角：王翦

故事配角：秦王嬴政、蒙恬等

发生时间：公元前 225 年—公元前 223 年

故事起因：秦王嬴政派王翦率军灭楚，但心存猜疑

故事结局：王翦以多次请田的方法打消了秦王嬴政的顾虑

当初秦王嬴政请王翦出山，王翦貌似狮子大开口地要求派兵 60 万，着实让秦王嬴政感到不踏实。毕竟把举国之精锐交到王翦的手中，也算是押上了身家性命，东出可以平天下，西进则可以灭秦国，拥有如此雄师的王翦对秦王嬴政是很大的威胁。

王翦挂帅出征时，秦王嬴政亲临灞（bà）上，为王翦践行。酒也喝了，天地诸神都祭拜了，祝酒词也念了，这王翦却不动了。

秦王嬴政很纳闷，他怎么不走了呢？

此时的王翦，心里有杆秤，他明白秦王嬴政的心思，但是秦王嬴政却未必明白自己。如何打消秦王嬴政的猜忌呢？

王翦对秦王嬴政说道："大王，臣年纪大了，估计几年之后，再想为秦国立业、为大王建功，就会有心无力。臣此次前去攻下楚国，回来后就要解甲归田，到时候就要孤苦无依了。所以希望大王能赏赐我金银钱财、良田美宅。这样，臣就安心了。"

秦王嬴政瞬间便明白了，王翦表面上是在请赏，实际上是要自己不要猜疑。于是，秦王嬴政保证道："将军为秦国立下了汗马功劳，本王自然不会让你受穷的。等你凯旋后，本王一定重赏你。"

王翦道："臣就只要一些良田美宅、金银钱财，其他的给了臣也没用，只要臣死了，子孙能够温饱，臣死也瞑目了。"秦王嬴政大笑不已，遂答应了王翦。

王翦带着60万大军向楚国进发，刚走几天，就打发部下回去，请求秦王嬴政给他良田美宅，前后一连给秦王嬴政捎了五封信，找秦王嬴政要这要那。

副将蒙恬（tián）有些看不下去了，对王翦说："老将军一次次向大王要赏赐，是不是太过分了？"王翦悄声对蒙恬说："蒙将军有所不知，大王是疑心很重的人，这次把这么多兵力交给我，他怎么可能放心呢？我三番五次要田宅，就是让他不对我产生猜疑！"蒙恬听了，恍然大悟，对老将王翦佩服得五体投地。

王翦在消灭了楚国之后，还南下攻下百越，设立郡县，立下不世功勋，秦王嬴政知道了他的忠心，遂封其为武成侯。不得不说王翦在政治上很老辣，既得到了物质利益，又使秦王嬴政消除了疑心，真可谓一举两得。

过奖了。

你真是个人才。

醒木一响，评书开场！
品茶听书，为你讲述有滋有味的战国传奇；
真真假假，权且当茶余饭后的谈资……
今天，我要给大家讲的是——蒙恬造笔！

蒙恬造笔

蒙恬是秦国的著名将领，同时也是传说中毛笔的制造者。

公元前223年，秦国大将蒙恬带兵在外作战，战争打得非常激烈。为了能让秦王及时了解战场上的情况，蒙恬必须定期写战况报告递送给秦王。当时，人们用竹签蘸（zhàn）墨，然后将字写在丝做的绢布上。这种笔硬邦邦的，既不方便，书写速度也很慢。这让蒙恬很苦恼——怎样才能既快又方便地写出战事报告呢？

战争的间隙（xì），蒙恬喜欢到野外去打猎。有一天，他打了几只野兔回军营。由于打到的兔子多，拎在手里沉沉的，一只兔子尾巴贴在地上，血水在地上拖出了弯弯曲曲的痕迹。蒙恬见了，心中不由来了灵感——如果用兔尾代替竹签来写字，不是更好吗？

回到营房之后，蒙恬立刻剪下一些兔尾毛，插在一根竹管上，试着用它来写字。可是兔毛油光光的，不吸墨，在绢上写出来的字断断续续的。蒙恬一气之下，把那支"兔毛笔"扔进了门前的石坑里。就这样几天过去了，有一天，他无意中又看到了石坑里那支被自己扔掉的"兔毛笔"——兔毛变得更白了。出于好奇，蒙恬捡了起来，用手指捏了捏兔毛，发现兔毛湿漉（lù）漉的。他将"兔毛笔"往墨盘里一蘸，兔尾竟变得非常"听话"，写起字来也非常流畅。原来，石坑里的水含有石灰，可以去掉兔毛的油脂。这样兔毛就柔顺了，能使劲儿地吸墨了。传说这就是毛笔的来历。

知识补给站

秦国为什么称为"秦"？

伯益为舜帝掌管牲畜，得到舜帝赐姓嬴氏。伯益的后代非子又为周孝王养马，而得到周孝王的赏识，被赐封秦地（主要位于今甘肃天水一带），作为周朝附庸。非子自此成为秦国始封君，号称秦嬴。公元前 770 年，秦襄公护送周平王东迁有功，被封为诸侯，秦始建国，占领了原周朝在关中的领地。

古代的车裂之刑，到底有多残酷？

车裂，就是把人的头和四肢分别绑在五辆车上，套上马匹，分别向不同的方向拉，这样把人的身体生生撕裂为五块，所以名为车裂。有时，执行这种刑罚时不用车，

145

而直接用五头牛或马来拉，所以车裂俗称五牛分尸或五马分尸。一提及车裂之刑，令人谈之色变，足见这是古代的一种极其残酷的刑罚。

秦始皇统一中国，为什么唯独不灭小小的卫国？

秦国能灭六国，自然有灭掉小小卫国的实力。但此时的卫国已经名存实亡，对秦朝没有任何威胁。从政治上考虑，卫国的存在也可以堵住天下人的讨伐之口，对秦朝有着大大的好处。公元前209年，卫君角被秦二世废为庶人，卫国才灭亡。卫国是诸侯国中最后一个被秦灭亡的国家。